杨绛传

吴妮——著

色无仅有地结合了各不相容的
三者：妻子、朋友

她通晓英语、法语、西班牙语
她被公认为最优秀的翻译家

她出身名门，她是谁？

她是作家，是文学翻译家，是外国文学研究家，她是钱钟书夫人

在她身上一直表现着女性与生俱来的温柔与慈爱

民主与建设出版社
·北京·

图书在版编目 (CIP) 数据

杨绛传：最贤的妻，最才的女 / 吴妮著 . —北京：民主与建设出版社，2020.11（2024.9 重印）

ISBN 978-7-5139-3308-7

Ⅰ.①杨… Ⅱ.①吴… Ⅲ.①杨绛（1911-2016）—传记 Ⅳ.① K825.6

中国版本图书馆 CIP 数据核字（2020）第 234352 号

杨 绛 传：最 贤 的 妻，最 才 的 女
YANG JIANG ZHUAN: ZUI XIAN DE QI, ZUI CAI DE NV

著　　者	吴　妮	
责任编辑	刘　芳	
封面设计	宋双成	
出版发行	民主与建设出版社有限责任公司	
电　　话	（010）59417747　59419778	
社　　址	北京市海淀区西三环中路 10 号望海楼 E 座 7 层	
邮　　编	100142	
印　　刷	三河市天润建兴印务有限公司	
版　　次	2021 年 3 月第 1 版	
印　　次	2024 年 9 月第 2 次印刷	
开　　本	880 毫米 × 1230 毫米　　1/32	
印　　张	9	
字　　数	137 千字	
书　　号	ISBN 978-7-5139-3308-7	
定　　价	45.00 元	

注：如有印、装质量问题，请与出版社联系。

序

她从江南走来，走出那一片阳春三月、细雨微风，走过一个多世纪的疾风骤雨，笑容莞尔。

有人说，她是这混沌世界的一道碧泉，用百年的清气洗涤着人们的灵魂。

有人说，她是一道人间的隽永风景，用优雅和淡泊的文字，滋养着现代人的内心。

有人说，她是我们身边最后的名媛，用一生的经验在书写，她的学识和气度让我们高山仰止。

她是一个有味道的女子，连灵魂都带着香气。

她是一个有温度的女子，连哲学都为之柔软。

她是名门之后、大家闺秀，又是一个长得端庄漂亮的女人；她还是一个身负盛名的作家、翻译家，更是一个灵魂高尚的长者。当才、貌、德都集中到一个女子身上时，这样的女子不被人关注和厚爱都难，所以杨绛注定活成了现代人的心灵鸡汤。只是，要让她在如此众多的桂冠中选择一顶的话，我猜她还是会选择那个最为低调的称谓：钱锺书之妻！是的，她是一个愿意站在丈夫背后的女人，尽管她一生都站在钱锺书的前面，生时，为他遮挡世俗的风雨、生活的磨难；去后，料理他的遗事、守护他的安宁。

这样的女子，定当独一无二。拨开历史的薄雾，去品读杨绛的百年人生，竟是那样引人入胜，让我为她的优雅、坚韧、博爱而倾倒，为她充实的一生而深深着迷。本书以时间为线，试图通过解读杨绛每一个时期的故事，去触摸她静水深流的精神世界。因为，一个人的内心世界，便是人的整个世界。

希望你和我一样爱她。并以此文献给那些热爱杨绛、热爱真理、热爱生活的人。

目　录

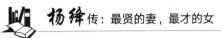

第一卷　名门之后　大家闺秀

卷首：她和民国同年，她是大律师之女，后来成为大文人之妻，她就是杨绛，一个美丽与智慧兼备的女子，备受命运眷顾的她从小接受了来自家庭和学校的最好教育，又在年华正好时带着一个梦想离开故乡，从烟雨迷蒙的南国，再到瑞雪飘飞的北平，她的足迹跨越千山万水，只为了那一场"金风玉露"的相遇，从此开始了一段旷世之恋。

心系清华

　　翻开诗书，关于江南的诗句浩如烟海。唐代大诗人白居易曾吟：江南好，风景旧曾谙，日出江花红胜火，春来江水绿如蓝，能不忆江南？又云：未能抛得杭州去，一半勾留是此湖！可见这方温润秀美的山水之境，引得多少墨客佳人流连忘返。与那风景相呼应的，正是灵秀温婉的江南女子。一方水土养育一方人，自古以来，人们印象中的江浙女子，都是集美貌与才艺为一体的，她们婉约，细腻，多才多艺，容貌清丽，以至于我们不知道是江南的美景孕育了她们独具风华的气质，还是江南的女子给景色增添了一份灵动。

而位于太湖之滨的无锡，更是国家历史文化的圣地。江南的蒙蒙雨雾浸润着这片土地的万物，让这里素有人杰地灵之美誉，除了悠久的历史文化，这里又是才子辈出的地方，徐霞客、顾恺之、徐悲鸿、华君武、钱锺书……自古以来，有多少人，在这里吟诗作赋，挥笔丹青。

山不在高，有仙则名，水不在深，有龙则灵，一个个响亮的名字，为这片美丽富饶的土地赋予了更多的文化内涵，独有一个女子，用她柔弱的身姿，为这清秀的山水再增添一抹韵致淡雅，她便是杨绛。这个从吴越山水中走出来的美好女子，经历了百年的人生洗练，她的名字穿过重重岁月，走进了许多人的心中。

说到杨绛，就不得不提她的父亲杨荫杭。

杨家的振兴是从杨荫杭这一代开始的，杨荫杭的祖父和父亲分别在杭州和浙江做过小官，两代都是穷书生。尽管家里有上辈传下的住宅，但是没有田产，杨荫杭靠着考试选拔而得公费在北洋公学上学。一个寒素人家的穷学生考入公费学校一般都会被认为是改变命运的契机，但是杨荫杭在上学期间就遇到学生闹学潮，校方出来镇压，开除了一个带头闹学潮的广东学生，校方不肯罢休，还要揪出来其他人杀一儆百，那些闹过学潮的学生一律不敢承认，杨荫杭没有参与，却看不惯他们的行为，站出来说："还有我！"就这样学潮平息了，杨荫杭却被学校开除了学籍。

大概一个有才能的人总是有能力抓住每一个让自己翻身的机会，被北洋公学开除后，这个胆识过人的穷学生又凭着过人的才气考入了南洋公学。于1899年被学校送往日本早稻田大学留学。在日本时他受到孙中山、黄兴等人的影响，于1900年春，和一批留日学生成立了励志会，从事反清活动。同年，与励志会会员杨廷栋、雷奋等人创办期刊《译书汇编》月刊。这是留学生创办最早的杂志，大量销往上海苏州等地。由于他在任报馆编辑时发表反清言论，招致清廷通缉，只好于1906年出国到美国留学，四年后获宾夕法尼亚大学法学硕士学位，学成归国。

出国四年后。归国后在当时的司法界享有盛誉。杨荫杭担任江苏省高等审判厅厅长不久，北洋政府有"本省人不能担任本省官职"的决定，因而他被调到浙江省，仍任高等审判厅厅长一职。到浙江后，他不畏权贵，不徇私情，严格执法。当地有一个恶霸，自恃与该省督军有裙带关系，在乡里鱼肉百姓，无恶不作，甚至行凶杀人。被害人家属上诉，地方法院审理后呈报省厅，杨荫杭提笔判处其死刑，连当时的省长出面说情都被顶了回去。

母亲唐须荌也是无锡人，曾在上海著名的女子中学务本女中读书，是一位贤惠文静的知识女性。她与杨荫杭结婚后，相夫教子，料理家务，堪称贤妻良母。出身富商人家的唐须荌既有着传统女性的吃苦耐劳，又有着大家闺秀的宽容气度。她一生生育了八个孩子，作为一个大家庭中的当家夫人，既要关心孩子们的衣食住行，又要管理家中的账务花销，还要无微不至地照顾丈夫的生活，面对两个个性鲜明的小姑子，她这个做嫂子的总是极尽宽容，使一家人和睦相处。跟随着丈夫工作的调动，她也跟随着多次迁徙，从一座城，到另外一座城。

1911 年 7 月 17 日，位于北京的一座普通的四合院内，杨荫杭夫人唐须荌生了他们的第四个孩子，又是一个小女婴。听说孩子降生，邻居家的女佣过来问是男是女？听说又是一个女孩子，那女佣不免表露出了失望。杨荫杭并不重男轻女，看到邻居女佣这样的表情，自是有些不高兴。出于礼节，他掏出一元银币给了那位女佣，打发走了她。

父亲给她取名季康，小名阿季。阿季在家中排名老四，上面还有三个姐姐，这是父亲杨荫杭从逃亡海外留学归来后所生的第一个孩子，因此对这个小女儿，父亲格外疼爱，哭闹时，做父亲的就抱着她来回踱步，口中还哼着催眠曲，尽管后来杨荫杭夫妇又生了两儿两女，但是母亲说，在众多姐妹中，只有阿季才能享此"殊荣"。加上那几个女儿不是在外地读书，便是住在老家，因此，留在父母身边的阿季独享了一份父母的厚爱。

阿季出生的那年，拥有五千年历史的中国正在经历从帝制时代到现代化国家的转变，这是中国历史上有故事的一年。那是一个有进取也有保守，有荣光也有失落的时代，一个受压迫的古老民族正在经历前所未有的震荡。不久后，震惊中外的辛亥革命爆发了，几千年的封建帝制宣布土崩瓦解。不足三个月的阿季，便在襁褓中随父亲南下，移居上海，此行前去，杨荫杭是经朋友推荐，就任江苏省高等审判厅厅长的。一直到四年后，才回到北京，就任京师高等检察厅厅长。

民国军阀混战，民不聊生。杨荫杭一腔热血的理想和抱负并不能在仕途中实现。由于性格耿直，在办案时坚持公正公平，他的仕途之路走得并不平顺。1917 年，父亲因传讯交通部总长，受到惩戒，停职停薪，家里的马车忽然没有了，两匹马也没有了，马夫们也都走了。那时的杨绛，不过是一个七岁的孩子。好在不久之后，杨荫杭又重新复职。

在任京师高等检察厅厅长期间，在处理一件贪污受贿案时，杨荫杭立场坚定，刚正不阿，坚持任何人犯法均需追究，绝不能像封建时代那样"刑不上大夫"，从而被北洋政府停职审查。他愤怒之下，弃官南下，回到家乡无锡，因忧愤交加，重病一场。

这是阿季第二次随家人南下，如果说上一次她还尚且未经人事，这次，已是一个小学低年级学生的她已略懂离愁别绪，她后悔没有把这个消息告诉要好的同学们。乘火车离开北京那天，站台上来了许多为父亲送别的人。他们带着全部家当，坐了火车又乘轮船，一路颠簸地回到了无锡。

这一次迁徙，对于阿季来说是一次充满好奇的旅行，但是对于杨荫杭来说，却是事业的低谷。在无锡刚住下，杨荫杭得了伤寒病就倒了。"父亲缠绵病榻时，我常想，假如父亲一病不起，我如有亲戚哀怜，照应我读几年书，也许可以做个小学教员，不然，我大概只好去做女工，无锡多的是工厂。"这是杨绛在《回忆我的父亲》一文中回顾这段往事时抒发的内心真实感受。那时，阿季不过是八九岁的年龄，一个不经世事的小女孩，面对变故，她突然要开始思索自己的前途命运了，她想的是无论如何要多读几年书。

幸好，父亲的病在中医的诊治下居然痊愈了。他康复后被上海申报社聘任为副编辑长，并重操律师旧业，他曾愤激地说，如今世界上只有两种职业可做，一是医生，二是律师。他做律师时专门为人鸣不平，申诉冤情，面对那些违法犯罪分子，无论其职位多高，权势多大，酬金多丰厚，一律回绝。

父亲病愈后，小小的阿季面临了人生中第一个重大的选择，那就是继续留在无锡的小学里读书，还是听从爸爸的建议去上海启明女校求学，从小打好中文、外文基础。有过失子之痛的母亲自然不放心女儿离家求学，再三问她是不是考虑清楚了。这样的选择对于一个从未离开过父母的小孩子来说，并不是一件小事，但是小小的杨绛却坚决地点头，然后任由自己泪流满面。很多人都说杨绛是个有决断力的人，也许从那时开始，她已有能力对自己的事情做出选择了。

1920 年初，不足九周岁的杨绛背起行囊，从无锡来到了上海。她贴身带着一块妈妈给的崭新银元和大姐给的一块细麻纱手绢，那是承载亲情的信物，她不舍得花那块银元，也不舍得用那个手绢儿，把它们藏在最隐秘的地方，想家的时候拿出来看看，仿佛能找回一些安慰。

启明女校是法国天主教会在上海专为非教徒建立的一所著名女子学塾，里面的教职人员大多是修女，在那时是有名的洋学堂，有大大的英文课堂、操场和花园，有长长的走廊。小阿季尽管还未脱稚气，但是在这里适应得很好，她很快就以优异的成绩接连跳级，成为许多科目老师最宠爱的学生。

由于跳级，杨绛是大班里最小的孩子，但她俨然是一个"孩子王"，同学们遇到什么问题，总喜欢向她讨主意。有一天，孩子们在花园里玩，有两个小孩跑来告诉杨绛，说有个孩子陷入泥塘里了。修女老师显然是对平时表现不乖巧的孩子没有好感，或者认为事情并不严重，不让杨绛去管。情急之下，小小的杨绛顶撞了这位一向待她有如亲人的姆姆：让她陷在泥里吗？热心的杨绛不顾姆姆老师的阻挡，连忙跑去营救。只见落难的孩子虽人已走出泥塘，但是衣服和鞋子又泥又湿。杨绛想起来有的同学习惯穿两双袜子，她一边指挥着大家帮这个孩子冲洗衣服和皮鞋，一边向穿两双袜子的同学借来了袜子。同学们听从指令，使这个孩子衣冠整洁如初，重回课堂，一场风波就此过去了。

有一次，杨绛承一位老师的信任，叫她送信给另一名姆姆，那是一份没有加封的信，小小的女孩子是多么想知道信里面的内容啊！可是她知道私自拆开是不对的，那是她自小便养成的好习惯，她用一个小孩子所拥有的最大意志力克制住了那个强烈的好奇心，最终并没有拆开信件。

在启明，她和姐姐们在学校里一住就是几个月，一直到放暑假才回到无锡的家。学期末的时候，小小的杨绛虽然已经能够将自己的日常生活琐事打理得井井有条，甚至还能够为同学们排忧解难，但正是年少贪玩的时候，她也经常找个借口骗过宿舍管理教师，偷偷溜到后院去玩。那真是一段无忧无虑的快乐时光，正是那段生活，培养了她独立的生活能力，也让她学会了如何和别人相处。直到 90 多岁的时候，杨绛还能记起这段年少求学经历的点点滴滴。

在启明中学上了三年学后，杨绛和三姐一起进入了苏州振华女中，父亲杨荫杭懂得因材施教，他大概是怕教会学校会影响孩子的思想自由，将两个女儿转到了苏州的振华中学。杨绛就是在那里遇到了对她影响至深的师长王季玉。季玉先生喜欢她的聪明，破例邀请她一起同桌吃饭，自己从家里带来菜肴，总是给杨绛多留一份，那是老师对这个聪明学生的偏爱。在这样的环境下，杨绛从一个淘气的女孩变得逐渐沉稳起来。

阿季不负众望，小小年纪，就当上了学校"演讲会"和"英文会"的会长，女中学生阿季就在这些丰富多彩的校内活动中锻炼着自己各方面的能力，学习成绩还始终稳居第一名宝座。她用五年时间修完了六年课程。在毕业考试后又以第一名的成绩被金陵大学录取。因为成绩好，东吴大学也准予她面试入学。

在家庭环境的熏陶下，从小培养起来的阅读兴趣伴随了杨绛的整个学生时代，当她成为一名中学生后，因眼界的开阔和认知水平的提高，书籍于她更是成了不可或缺的精神食粮。她读中国古典诗词名著，也读英文原版著作，阅读也巩固了她的英语基础，她的英语成绩从来都是名列前茅。书籍成了杨绛少女时期最亲密的伙伴，广泛的阅读为她日后的文学创作奠定了坚实的基础。

苏州自古以来就是一个充满了诗情画意的地方，这个弥漫着幽雅古韵的江南水乡，多少文人墨客曾提笔抒怀，而这里更不乏灵秀聪颖的女子，杨绛亦是其一。她在振华中学读书期间写下的许多诗作已可见功力。

斋居书怀

松风响飕飕，岑寂苦影独。

破闷读古书，胸襟何卓荦。

有时苦拘束，徘徊清涧曲。

俯视溪中鱼，相彼鸟饮啄。

豪谈仰高人，清兴动濠濮。

世人皆为利，扰扰如逐鹿。

安得傲此游，悠然自脱俗。

染丝泣杨朱，潸焉泪盈掬。

今日有所怀，书此愁万斛。

有谁会想到，这首淡泊明志的诗出自 16 岁的中学生杨绛之手，发表于 1927 年的《振华女学校刊》。她的文学修养，在那时已崭露头角。也许是得天独厚的吴地山水，孕育出了少女杨季康非凡的才情学养，杨绛就在苏州的如画风景中度过了她的豆蔻年华。她有读不完的诗书，又有毫不费力便能获得的优异成绩单，被浓浓的亲情、友情和师生情所包围，她是一个幸运的女孩子。

那时候他们已经举家迁往苏州，全家住在庙堂巷一所颇有来历的明朝旧宅里。据说那是一位名人府邸，杨家买来后经过两年时间的修葺，将这座破败的院落装饰一新，父亲的朋友张謇题字"安徐堂"。父母专门为这个正值妙龄的女儿安装了一个秋千。在一个女孩最爱做梦的年龄里，少女杨季康便在这个秋千架上忙时读书，闲时看云。就在那个四季芳菲的后花园，杨绛得以和家人朝夕相处，体味着那一份江南特有的岁月安宁。那段晶莹剔透的时光，想想便能让人嘴角上扬，随风摆动的秋千架上，曾飞扬了少女多少轻盈的梦，谁也说不清楚。

在杨绛的印象中，她的妈妈总是家里最忙的那一个人，佣人们有事要找她，小姑子们有事找她，以至于她没有太多的时间分给孩子们。她在一篇文章中形容妈妈

"老实忠厚，绝不敏捷"。如果受了欺侮，她当时并没有感觉，往往事后才明白，然后不久就忘掉了。可见唐须嫈在为人处世方面心胸是多么宽广，而且她也自有大家闺秀的精明和大度。多年来，她为远在无锡的婆婆邮寄一家人的生活费，几十年如一日，从来都没有忘记过一次。她待两个个性独特、性格怪异的小姑子也是亲切有加。据杨绛说，如果三姑想吃什么菜，妈妈立刻下厨做好，并告诉孩子们，这是姑妈的，不让孩子们动。长嫂如母，她同情三姑早年婚姻的不幸经历，在生活中扮演着母亲的角色。有一次，杨绛的三姑杨荫榆置买了一套房子要搬家，母亲让她们姐妹都穿上漂亮的衣服去送姑姑搬进新居，当时小小的杨绛极为不解，她想既然是搬家，就应该穿旧衣服帮忙拿点东西，为什么反要打扮得整整齐齐呢？回来后母亲告诉她，姑姑性情古怪，新搬到一个地方，怕她和邻居相处不好。穿戴整齐去搬家的目的就是让邻居们知道，她是个有亲戚的人，而且还不是穷亲戚，日后也不至于被四邻欺负。

母亲通晓人情世故，和任何人都能相处好。缝纫烹调之余，她也看小说，并且悟性极强，能够领会各作家的创作风格。尽管杨绛后来的文章里对母亲的回忆甚少，但是所记录的每一件关于母亲的事都满含钦佩赞赏之情。相比父亲对她在诗书学问、思想兴趣方面的影响，母亲对她的影响更多地体现在接人待物以及生活态度方面。父亲一生在政治仕途上起落沉浮，对子女的教育自有一套原则，尤其在做人上，要有志气，要自立，并且要有独立的见解，不要随波逐流。他曾说过："我的子女没有遗产，我只教育他们能够自立。"

　　杨荫杭夫妇有旧式父亲的相敬如宾，也有新式夫妻的互相尊重，父母常常在一起谈旧时的往事，也谈亲戚间的趣事，分析工作中遇到的事……这对无话不谈的夫妇给孩子们营造了和睦自由、温情而又轻松的家庭氛围。无数事实证明，父母的相处方式能够潜移默化地影响孩子对于家庭的理解和认知，儿女成年后往往会效仿父母的婚姻模式。杨绛就是在这样一个旧时代里的新式家庭里长大的女孩，她能享受最大程度的思想自由，接受当时最前沿的教育，体验最时尚的生活，有许多的时间阅读圣贤之书，她的青春如一朵荷花，根植于清澈洁净的水塘中，不蔓不枝、亭亭净植地绽放。

　　哲人说，人的本质是一切社会关系的总和，成长的环境、朝夕相处的人、周遭的事物都决定着你会成为什么样的人。而一个名媛的成长更是需要多重条件，家境殷实、学贯中西、天资聪颖……20岁之前，家庭能够给予她的所有养料都在为她长成一个自由独立、知书达理的女子做着准备。逐渐长大的杨绛遗传了父亲的正直刚毅，也遗传了母亲的温良敦厚。她从父母的性格中各取精华，逐渐长成了一个思想独立、颇有见地的女子。

多国留学的杨荫杭在思想上中西融会贯通，但是在对子女的教育上更愿意汲取中国传统教育的精华，他信奉孔夫子的"大叩则大鸣，小叩则小鸣"的教育理念，认为教育孩子更应该讲求顺其自然。杨荫杭兴趣广泛，他不仅精通法学，也热爱中国古典文学，尤其喜欢忧国忧民的杜甫的诗作，他熟读《诗经》，对音韵更是深有研究。在父亲的影响下，杨绛从小对文学产生了浓厚的兴趣。

有一次，父亲问杨绛："阿季，三天不让你看书，你怎么样？"

"不好过。"杨绛说。

"一星期都不让你看书呢。"

"一星期都白过了。"

父亲笑了，说："我也这样。"

因此，在众多孩子中，父亲总是更亲近这个女儿。有着相同兴趣的父女两人更像是一对朋友。如果她对什么书有兴趣，父亲就把那本书放在她的桌上。一个公务缠身、有七个孩子、负担全家老少十几口人生计的父亲，经常爬着扶梯到书橱顶层为自己所钟爱的女儿取书，从这姿势里我们一定领会到深沉的爱和耐心。那些虔诚挑选书籍的时刻，杨父也许不会想到，可能正是自己的这种倾注着父爱的宽松教育，日后培养出了一个剧作家、翻译家、教育家，并且成为大文豪的妻子。

从北京到上海，再迁居苏、杭二州，又返北京、上海，杨绛就在这样的一路迁徙中从一个小女童长成亭亭少女。一方水土养育一方人，那些生长在不同地域的女子，骨子里都各有风情，如北京女生的大气爽朗、苏杭姑娘的灵秀温柔、上海女子的精致好强，阿季在自己一路成长过程中，大概都不自觉地撷取了一些放到了自己的性格里，这让她在漫长的人生里无论身处什么样的境遇，都能拿出不同的勇气和姿态从容面对。

1928 年，十七岁的杨绛以优异的成绩考上了南京金陵女子文理学院和东吴大学（现苏州大学的前身）。她本来是想考清华大学的，当时清华大学刚开始招收女生，但是当年不到南方招生，她只好无奈放弃。

作为家里第一个上大学的孩子，父母自是对其寄予厚望，就连杨绛的中学师长，也都在择校问题上提出建议，为了女儿能够保持思想自由，在中学时就曾为她果断转学，而这一次，父亲认为，相比女子大学的封闭，男女同校的东吴大学更有利于女儿活跃思想，自由发展。懂事的杨绛听从了大家的意见，选择了东吴大学，尽管她未能进入理想的大学，但是对于从小恋家的杨绛来说，在苏州读书，能够随时回家和父母团聚，亦是珍贵的弥补。

同是住校，东吴大学的环境要比之前的都好很多。尽管五四运动后，人们的思想观念在改变，个性解放的民主风潮盛行，但是在社会风气相对保守的当时，男女同校的情况并不普遍，东吴大学的女生仍然占学生中的少数。杨绛和她的女同学们同住在一所清静幽雅的小洋楼内，窗外花草繁茂，彩蝶纷飞，爬山虎的叶子攀着墙壁长得郁郁葱葱，阳光总会慷慨地洒满房间，照亮着女生们飞扬的青春。

但是屋里的阳光总是锁不住少女拥抱春光的热情，

学习不忙的时候，杨绛和女友们在校园的每一处散步。学校为了保护女生的安全，限制女生的活动时间。为了散步的自由，杨绛和她的女伴们曾找舍监理论，那真是少年不识愁滋味的岁月。

在专业方向选择上，各门功课都不错的杨绛不能立刻做出决定。选择专业决定着一个人未来的事业方向，就像她曾在父亲的病榻前认真地考虑着自己未来的出路一样。这一次，她也非常严肃地考虑着这件事。杨绛也曾想过当一名像南丁格尔那样的医生，救死扶伤，但是终因连一只螃蟹都不敢解剖而暗自放弃。她也想过当一名像父亲那样的律师，伸张正义。但是在仕途中几经浮沉的杨荫杭却认为，涉世太深的女子未必能够拥有平凡的心境和快乐的生活，因此他不希望小女儿看到这世间太多的不平，他从一个父亲最朴素的爱出发，只愿自己的女儿可以拥抱最有诗意的生活度过云淡风轻的一生。因此，这一次当杨绛就选择专业去向的问题向父亲询问时，父亲说，没什么该不该，喜欢什么就学什么。父亲的话也一定暗合了杨绛的潜藏于内心的想法，最终，喜爱读书的她选择了文科，成了政治系的一名学生。杨绛始终认为，东吴大学并不是一所适合自己的大学。因为没有她想修的文学专业，所以她只能选择自己并不太感兴趣的政治学。

杨绛晚年时自嘲说："我既不能当医生治病救人，又不配当政治家治国安民，我只能就自己性情所近的途径，尽我的一份力。如今我看到自己幼而无知，老而不成，当年却也曾那么严肃认真地要求自己，不禁愧汗自笑。"她认为，一个人没有经验，没有学问，没有天才，也会有要好向上的心。这是一个老人的自谦，但是我们知道，她一生都活得很认真，即使年老，也不曾放松对自己的要求。

她的生活离开了父母的怀抱，告别了承载着她裙裾飞扬的秋千，17岁的少女带着一丝还未褪去羞涩的微笑，进入了离家不远的大学。她的微笑里，大概还有一些并未如愿的惆怅。不过，她的惆怅很快就被丰富多彩的生活冲淡。她会演奏乐器，还能唱昆曲，能作诗作文，还能讲一口流利的英语。这样情窦初开的女子，自然是校园里的一道美丽风景。有人给她写诗——"最是看君依淑姊，鬓丝初乱颊初红"；有人在体育馆各类球赛的记分牌上画了她的卡通简笔头像。尽管依然是年级里最小的学生，但她毕竟是大家闺秀，又天资出众，从最初的害羞腼腆到落落大方地融入集体，只是朝夕之间。在英才济济的东吴大学，她很快奠定了自己才女的地位。

只是，她还没有改掉自小性格中的淘气禀性，她还是贪睡，会在早晨起床后草草洗个脸就冲向教室。她还会用馒头捏成一条虫子，放在同学的笔记本上，用这样的恶作剧吓唬她们……虽然已进入大学，虽然她的功课成绩永远骄傲地排在同学们的前面，但是她还是一个浑然天成的女孩，喜欢用顽童般的眼睛，寻找着身边的乐趣。

更多的时候，杨绛应付完自己的专业功课后，便将自己放逐在图书馆里，看那些永远也看不完的中外名著。就像后来她的一生中大部分时间，都在书本和学问里寻找自由。她天资出众，即使不太用功，也能轻松应对考试，因此她在快毕业时仍得了"纯一等"的好成绩，这样的成绩，东吴大学全校一共才三人。

在那期间，杨绛和大姐本着对语言的兴趣，在一位比利时女子的辅导下自学了法文。她的法文程度令她后来的老师刮目相看。不知道她在学习这门语言的时候，有没有想到自己会有朝一日走进那个美丽的西方国度。只是那时候，她的心里始终藏着另一个更为强烈的夙愿。

在这个生于北国、长在南方的女孩心目中，清华大学才是她最向往的知识乐园。只是由于各种机缘巧合，她并未如愿。那是她一帆风顺的少女时代里最大的遗憾。曾几何时，她只好把那个梦小心翼翼地收好藏起来，不时翻看。然而命运女神是如此眷顾这个女孩子，冥冥之中，又将她推到了梦想面前。

1932年初，东吴大学因学潮停课，21岁的杨绛与朋友一起北上，当时大家都考上了燕京大学，准备一起入学，但是杨绛临时决定在清华借读，圆了自己的清华梦。尽管此前她的母校振华女中校长为她争取到了美国韦尔斯利女子大学的奖学金，只需要自备路费和生活费。一向开明的父母自然尊重女儿的意愿，可是懂事的杨绛不忍心为家庭增添负担，更何况她认为，与其去国外攻读不喜欢的专业混得一纸文凭，不如在国内的好大学里学习自己喜欢的专业，获取真才实学。在"出国热"风气盛行的当时，一个年华正好的大学生没有盲目从众，能够听从自己内心的声音，务实地从自己的兴趣出发选择学业的方向，这该是一种成熟的坚持。

关于梦想，有人曾总结出了其内在的秘密和规律，那便是吸引力定律，是说你所追求的事物，总会被一种神秘的力量推到你的身边。这是一个奇怪的现象，但是在我们生活中，总是能够找得到印证。也许是她内心的磁场发挥了作用，也许是她的努力和付出终于有了回报，不久之后，她真的成了一名清华的学生，研修了自己喜欢的外国文学。所有年少时的梦想，终于露出了美丽的笑颜。

她从烟雨迷蒙的江南水乡走向瑞雪飘飞的北国，挥手告别了姹紫嫣红的少女时代，从此进入了又一段崭新的人生旅程，领略了另一番人生美景。她不知道，她一生的尘缘就此开启。如果说苏州的安徐堂是杨绛深深眷恋的亲情之所，那么北京的清华园则是她的爱情乐园，因为在这里，她遇到了执手一生的人。

春光易虚度，不如早相逢。多少人在人群中寻寻觅觅，渴望邂逅一份纯真的情感。可是对于青春好年华的杨绛来说，她可能并没有做好准备迎接一场突如其来的感情，如果没有最美的遇见，她宁可选择做一株兰草，清雅骄傲地兀自绽放。她的生活中不缺少美好，并没有刻意给爱情留出一席之地。可是往往就在随遇而安中，该来的总会到来，不早不晚，在年少衣衫薄时，在猝不及防间，人已深陷其中。

佳偶天成

金风玉露一相逢，便胜却人间无数，有情人的一次惊鸿一瞥，就胜过那人间的千遍万遍擦肩而过。至于杨绛是不是对钱锺书一见钟情，人们颇有争议，杨绛也曾说，人间也许有一见倾心的事，但我无此经历。但是第一次见面，钱锺书就为这个优雅女子的美好气质所惊艳，一段旷世情缘就此萌发。

有时候，人和人的缘分就是如此奇妙，如果不是那场学潮，杨绛的人生可能就是另外一番轨迹。杨绛在东吴大学读大四那年，学校爆发学潮，隔绝了校内外的联

系。杨绛巧妙设计带着同宿舍好友逃出了学校。求知心
切的她又多方联系办理了借读燕京的手续。很快她便说
服了家人，杨绛和其他四名同学一起踏上了去往北平的
旅途。他们由苏州坐火车到南京，再摆渡过长江，又乘
坐火车。经过三天的颠簸后，五个风华正茂的学生终于
到达了北平。

　　几个人在费孝通的接待下一切安排妥当，随后又参
加了燕京的入学考试。考试结束后，杨绛便怀着轻松的
心情要去看望在清华大学就读的好友蒋恩钿，而同行的
好友孙令衔也要去清华看望表兄钱锺书，于是二人结伴
而行。

　　幼时好友长时间没见面，蒋恩钿对于这个好友的突
然造访自是欣喜异常，杨绛说明此次进京投考燕京的事
情，好友听后便极力建议她来清华就读，并表示要尽量
帮她办理相关手续。对于好友的提议，杨绛非常动心，
此前她曾几度与清华失之交臂，如果能够在这里度过她
的大学时光，将是对她多年遗憾的巨大弥补，更何况，
这里还有她的闺中密友……老友见面，不光是叙旧，两
个正值妙龄的女孩子，一起为她们的学业和梦想做着安
排和计划。

孙令衔去看过了他的表兄钱锺书后，便在表兄的陪伴下来到女宿舍接杨绛一同回燕京大学。看到了从古月堂走出来的杨绛。孙令衔为二人做了介绍后，他们只是简单地打了个招呼，便各自回家了。

这是最不经意的偶然相逢，也是最不寻常的坦诚相见。他青布大褂，黑框眼镜，眉宇"蔚然而深秀"；而她，我想大概是棉布旗袍，齐耳短发，面如一朵盛开的蔷薇。没有刻意的装扮，他的儒雅和她的高洁，都是自然散发的。那种由内而外不经意间散发的气质和风度让这一对年轻人的相逢多了一丝圣洁。那时，恰同学少年的他们都胸怀高远的求学志向，也许还并未认真思考过人生大事，只是，所有堪称浪漫的邂逅都是不带预见性和目的性的走近，都是可遇而不可求的相见。这一场相遇，犹如微风吹皱了一湖春水，年轻人的心，难以平静如常。

其实，在没有遇到之前，我们真的不知道这一生真爱的人会在何时出现，所以才要时刻让自己保持最本来的美好，以便在爱情到来时和那人一见如故。

那是 1932 年早春的一个傍晚，我想那天一定有一天中最后一丝暖阳从树影斑驳下细细碎碎地投射出来，给初次见面的两个人平添了几分明媚的绰约风姿。一个是出身名门的才女，一个是书香门第的才子，志趣相投，门当户对，他们在那一天遇到了人生中最美的风景。

杨绛一行五人本是东吴大学的尖子生，在燕京大学的考试中全部合格，但是此时的杨绛，已由好友蒋恩钿办理好了清华的借读手续，当其他四人注册入燕京时，杨绛独自选择了进入清华园。俗话说，踏破铁鞋无觅处，得来全不费工夫，有些时候，我们一心想做的事，却因种种阻碍未能成真，而本来未抱多少希望的事，却能因种种机缘巧合获得圆满。通过此前的各种努力，此次进入清华，对于杨绛是一个意外的收获，可她未曾想到，一起收获的，还有爱情。都说姻缘天注定，我们往往喜欢用缘分解释那些一定会到来的事情，就连杨绛的母亲都说："阿季的脚上原来拴着红线呢，所以心心念念只想上清华。"

"只是因为在人群中多看了你一眼，再也没能忘掉你的容颜"，古月堂的惊鸿一瞥后，钱锺书的书信便一封接着一封地翩然而至。再次见面，钱锺书第一句话便是"我没有订婚"，杨绛则是"我没有男朋友"。而不久后，杨绛顺利获得在清华借读的机会。能够在理想的学府里读书求学，又有著名才子相伴左右，她的北上之行竟是如此圆满。古月堂前的恋爱故事不知有多少，只是没有哪一段能比上这一段的唯美，两情相悦。

而此时，中国的另一位文化名人沈从文也结束了多年的单方苦恋，收获了他深爱的女子张兆和的爱情。然而他们的感情之曲折艰辛让人在感动之余也不免扼腕叹息。在沈从文的步步紧逼下，张兆和从逃避到默许，再到试着交往并最终答应求婚，在这段爱情故事里，有沈从文的"精诚所至，金石为开"的赤子之心，也有张兆和的优柔天真在里面。纵是举案齐眉，到底意难平，说的是婚姻中的某些遗憾，相敬如宾也总会有某些遗憾，终不如两情相悦来得更纯粹圆满。

而杨绛，依着骨子里的果断，在感情中从来都坚定不移。对于她来说，爱就是爱，不爱就是不爱。她不会茫然于彷徨不清的境地，错把一份女儿心事付于韶华。她一生的感情清白又干净，但是有一个人却是永远都绕不开的话题。据说大名鼎鼎的社会学家费孝通对她的欣赏一直持续到年华老去。

他们是多年的老同学，年少时，她用树枝在沙地上给他画出一张丑图：胖嘟嘟的脸，嘴巴张开闭合不拢。

她有些使坏地问他：这是谁？这是谁？费孝通不作声，只憨笑不停。那时的阿季，想必脸上还带着俏皮的婴儿肥，透着十几岁青春少女的红润，资质聪颖的女孩子特有的那种骄傲和调皮不自觉地流露了出来。

费孝通晚年作文一厢情愿地称杨绛是他的初恋女友，杨绛淡然回应"他的初恋不是我的初恋"。面对无中生有的炒作，她只是淡然一笑，她永远听从内心的选择。

据说，年老后，钱先生去世时费老曾去拜访杨绛。杨绛送他下楼时说："楼梯不好走，你以后也不要再'知难而上'了。"她用得体的双关语婉言谢绝了他的访问。逢费老有新作出版，常送杨先生"指正"；她为了不破坏多年友谊情分，有时也派女儿或身边工作人员探望一下费先生，送盆珍贵的花或小玩意儿什么的。她的聪明安排和对费老始终做一个"普通朋友"的一贯坚持也隐隐透着中国大家闺秀的范儿。

曾经沧海难为水，除却巫山不是云。也许费孝通一辈子都在羡慕，他所恋恋钟情的女子，始终用一棵木棉的姿态站在钱锺书身边。根，紧握在底下，叶，相触在云里。不仅爱他儒雅的身躯，也爱他坚持的位置、脚下的土地。

两情相悦的爱情，彼此都是在对的时间里遇到对的人，即使面对再好的光风霁月也不需顾盼流转。在良好家教和诗书润泽下的女子，往往都有丰富的精神世界，她们即使不需仰仗异性的欣赏，也能让自己过得自信而充实。所以对于风月情感，杨绛始终是一个矜持的女子，她不轻言付出，亦不拒绝心动。

　　他们只是互相介绍书，通信用英文。他常约她一起出去散步，他们甚至不走一般情侣走的荷塘小路。不知道那个年代里爱情的最初，是不是都是这般山楂树式的含蓄，两颗心的碰撞，是不是都是这般温婉。可是我知道，真正的爱情，大都基于欣赏，你不会爱上一个自己轻视的人，真正爱你的那个人，也是因为你的美好。他说，我志气不大，只想贡献一生，做做学问，不经意间暗合她的心意。大约是从小成长于物质条件优裕的家庭，对于精神以外的因素她是有些漠视的。他们不曾有露骨的表白，可是却分明地越来越懂得对方的心意。

　　他的信写得很勤，一天一封。他给她写诗，只写对仗工整、平仄协调、意境绵长的古体诗。当时年少青衫薄，但是他们的爱情，却总是有些与众不同，学业上互相帮助，心灵上沟通理解让两个人的恋爱独具风采。一个闺秀淑女，一个翩翩才子，他们组成了中国近代文坛上最不寻常的遇合。

无论在文学作品里还是在现实中，才子佳人的爱情从来不缺少礼俗不容、亲命难违、私订终身、始乱终弃的故事，而在民国这个新旧思潮交替、东西思想碰撞的时代，文人的婚姻更是不乏跌宕起伏的故事情节：有陆小曼和徐志摩冲破家庭和社会的重重阻挠结为连理的佳话，也有蒋碧薇不顾家庭反对逃婚和徐悲鸿私奔的壮举。同为闺秀才子，也许各人性情不同。她是一个从容自如的女子，她一直试图在人生的天平里寻求各种平衡，每件事都认真权衡过取舍得失，她愿意在遵从礼俗、应付人情世故的前提下赢得一世安宁。她这样张弛有度、收放自如的女子，永远都不会将自己推到尴尬的境地和生活的边缘，始终轻盈优雅地行走于属于自己的那一方净土之上。

听过一句话，世界上所有的相逢都是久别重逢。清华园内的这场相遇，他们仿佛认识多年，一见如故。只是，平静的海面上总会有波浪、有涟漪，爱情这艘不系之舟也会遇风浪而颠簸。杨绛在清华借读的功课结束后，她还想在清华园继续一段学业。可是清华才子钱锺书却迫不及待地向她提出了求婚请求。杨绛一心准备着入学清华研究院的考试，并没有答应。这就是杨绛，纵然情到浓时，也仍然能够理性选择，她的青春里有亲情，有学业，有飞扬的梦想。她刚进入了自己理想的学府，学习了自己喜欢的学科，生活刚刚在她面前展开了美好的蓝图画卷。所以，她还没有做好准备，进入一座城池，做一个凡妇。她珍惜每一分钟时间，为她的下一个梦想努力。

也许是太过眷恋父母，也许是她不想在经济上过多依赖家庭，更为了安心备考，她在亲戚的介绍下做了一名小学老师，地点在上海，这份工作收入不菲，亦平静安稳。她领到的第一个月工资捐了十元作为水灾救济金。不过，她因为一场意外的过敏疾病不得不放弃了平生的第一份工作，听从父母的劝告回到了美丽的苏州养病。想必她在亲情的温暖包围下，又加之疾病的困扰，无暇时刻响应他山高水长的思念，他便写了很多黯然神伤的诗给她。和所有的相爱的人们一样，他们的爱情也有波折，有小误会，有分离的煎熬。两地分离是他们最初的爱情所遭遇的第一个考验，所幸他们经受住了，一波三折的考验也让他们更加相信选择。

她惜字如金，不喜欢用同样的方式回应，不知道是不是也有女孩子的小心机在里面。他在信里儒雅而含蓄地抱怨："别后经时无只字，居然惜墨抵兼金。"面对无奈的两地分离，相爱的人总会有些离愁别绪。后来，他心目中美好的女子都不爱写信。《围城》里的唐晓芙也只是在收到方鸿渐十几封信才回了一封。

他们的小误会解除后，便朝着共同的目标努力，钱锺书在信中告诉杨绛主要准备哪些功课，读哪些书，在钱锺书指点下，杨绛在苏州的家中一一准备。

他们在信里除了探讨学业、互诉衷肠外，也开始讨论婚嫁大事。杨绛在信中表态：现在吾两人快乐无用，须两家父亲兄弟皆大欢喜，吾两人之快乐乃彻始终不受障碍。她终究是一个接受传统家庭教育的名门闺秀，即使身处热恋，也能顾虑周全。据说钱锺书的父亲钱基博在私拆了这封信后，不禁提笔回信，盛赞她明理懂事，并郑重要将儿子托付给她。

1933 年，饱受相思之苦的钱锺书从苏州来看望杨绛，还是大学生的他见到了意中人的父母，他的谈吐和风度自是赢得了杨荫杭的好感。据说，当时杨绛几个姐姐的夫婿都是留学归来，皆年纪轻轻便事业有成。作为自己最疼爱的女儿之一，父亲对杨绛的婚姻一定也同样抱有极高期望。而钱锺书纵然才识过人，但是前途未知，做父亲的在欣慰之余还是有些放心不下。不过，开明的杨荫杭还是默许了他们的交往，并说，钱锺书人是"高明"的。

据说，钱锺书后来没经和杨绛商量，就和父亲钱基博一同赶到苏州来拜访杨家，还请了媒人。他求婚心切，想必此番是抱着势在必得的决心而来的，钱基博是中国近代著名的国学大师和教育家，先后任教于清华大学、上海圣约翰大学、光华大学。钱家和杨家又都是无锡本地的书香世家，毫无思想准备的杨父正式同意了他们的婚事，钱氏父子终于如愿以偿。

美好的爱情都是水到渠成，一场婚姻里，父母亲友的祝福正如一幅油画的底色，有了牢固的底色，画上的五彩斑斓才更容易天长日久。1933年盛夏，这对相识一年多的恋人在苏州订婚。两个自由恋爱的人遵循着"父母之命、媒妁之言"走了一个包办婚姻的过场。22岁的清华学生杨绛成了钱锺书的未婚妻。那时，她已经考上了清华的研究生，她在中国最好的高等学府里继续着自己的学业，而钱锺书也启程去上海光华大学任教。

在清华这片萌生爱情的热土上，他们相知相守仅仅半年多时间。如果钱锺书能够继续留在清华读研究生，他们便可朝夕厮守。可是他拒绝了校方抛出的继续攻读硕士的橄榄枝，前往光华大学任教。他认为没有必要在同一间学校再学习重复的东西。惜时如金，讲求实际，这是钱锺书在求学道路上的一贯态度。我想，对于一个对自己才华极度自信的文学青年来说，这不足为奇。

钱锺书早就将读书求知作为毕生的追求，他的目标是考取中英庚款留英奖学金，他选择参加工作，是为了满足投考条件。此番分别，是为了博取更广阔的前程。在人生的旅程中他们相遇，没有沉迷于一时的旖旎风光乐而忘返，而是用距离让相思变得绵长。两情若是久长时，又岂在朝朝暮暮？此后的漫长岁月里，他们尽管也有不得已的分离，但是还有什么，比心与心的相守更加坚固和欣慰呢？

也许，正是那无法日日厮守的遥遥相望，让他们的相见充满浓情蜜意。1934年的早春，钱锺书从上海到北京看望尚在清华研究院读书的杨绛，他们携手游遍故都的名胜古迹。红男绿女相伴嬉春，仿佛也是一道春日的风景。在那张洋溢着青春朝气的留影中，她清雅的笑容仿佛明媚了整个草长莺飞的人间四月天。

没有什么，比在春光里放逐青春更加让人心旷神怡了，一向喜欢在书中寻觅乐趣的钱锺书游兴盎然。只是，相逢时难别亦难，快乐的时光总是飞快，这短暂的相聚同游，让他分明感到有些伤感。他在《记四月二日至九日行》的诗中写道：分飞劳燕原同命，异处参商亦共天；自是欢娱常苦短，游闲七日已千年。他平生写过许多诗，却只是写给同一个女子。他信手拈来的诗情，灵感源于那一抹素颜。

且将新火试新茶，诗酒趁年华。每当读到苏轼的这首《望江南》时，总会瞬间痴迷。无论身处何方，年龄几多，都会暗合心境，仿若耳边笛笙飞扬。然后告诉自己，人生苦短，茶香悠悠。在什么样的年龄就去做什么样的事，方能不辜负时光，不怠慢岁月。就像一季花开、一季叶落那样，该怒放时便尽情怒放，该静美时也能恬然自如。

明明知道你已为我跋涉千里／却又觉得芳草鲜美／落英缤纷／好像你我才初初相遇——一直喜欢席慕蓉的这句诗，仿佛千回百转中，灯火阑珊处，那个人一直在等。爱是如此动人的词汇，他们在恋爱的年龄遇到爱情，用青翠的季节之火，烹煮了一壶碧绿的新茶，那样的清香芬芳，未等闭目细品，便让人沾唇即醉。

伉俪牵手

"在遇到她以前，我从未想过结婚的事，和她在一起这么多年，从未后悔过娶她做妻子，也从未想过娶别的女人。"这段英国传记作家写的、概括理想婚姻的话在现代人中流行很广，无数人读后都为之动容。因为很多年前，杨绛将这段话读给钱锺书听时，他立刻回答："我和他一样。"杨绛说："我也一样。"人们喜欢这段话，除了这里所渗透的平凡哲理外，大都和喜欢那个人有关。执子之手，与子偕老，这是每一对有情人对忠贞婚姻亘古不变的约定，大多数追爱的人们都在用心经营，希望今生拉着你的手永结美好，永远不分开，一直白头到老。然而，面对这滚滚红尘，总有诸多情在路上失散，爱变得风轻云淡。坐看天边云卷云舒，发现许多所谓无法割舍的牵挂，也终究一场繁花落寂，如青烟般在岁月里飘散了。

唯有时光不可辜负，多少相爱的人也许都在羡慕并希望，年老后的彼此，能像钱锺书、杨绛夫妇一样，灯下共读一本书，执手相看，会心一笑，就算一起走过的悠长岁月里有再多的坎坷磨难，都不枉光阴虚度。也许，在婚姻里我们都应该学会感恩，且行且珍惜。

"我爱的人，我要能够占领他的整个生命，在他碰见我以前，没有过去，留着空白等着我。"《围城》里，在那个大雨倾盆的下午，唐晓芙用这样的理由拒绝了曾游戏感情的方鸿渐。生活中也许有些人天生就有精神洁癖，不能容忍情感中有任何一点纤尘杂质。我猜想这也是钱锺书和杨绛内心的共鸣。同为文人，林语堂依赖廖翠凤，可是他的心中始终有个陈锦端；徐志摩迷恋陆小曼，可是他也将林徽因当作一生的红颜知己。这样的感情尽管动人，但是总有一些"纵是举案齐眉，到底意难平"的不甘。那些复杂的感情纠葛，像是一根刺，无形地潜伏在看不见的地方，即使并不敏感的神经，也难免被刺痛。所以聪明如唐晓芙，在与方鸿渐的恋情未陷入太深时便全身而退。

只庆幸，他们在遇到彼此之前，都不曾为谁心动。他们将情感的全部空白都留给彼此。总觉得，无论是对事业的追求，还是对情感的期冀，钱锺书和杨绛都有完美主义的倾向，也许正是这一共同追求，让他们一见如故，惺惺相惜。

1935 年，工作满两年后的钱锺书参加了出国留学考试，在 300 人中脱颖而出，以第一名的总成绩成为唯一一名英国文学专业录取生。据说，许多同学听说了钱锺书的报考志愿后，都纷纷放弃了填报同一专业。即使是在人才济济的清华大学，钱锺书也是如此地出类拔萃。而杨绛，也早在进入清华研究院半年后获得了优秀生奖学金，已不需要家里的资助便可完成学业。

踌躇满志的钱锺书将准备公费赴英留学的消息告诉了杨绛后，他们便商量一同出国留学，并且在出国之前定下婚期。她在后来写的文章中说，考虑到钱锺书这位大名鼎鼎的清华才子从小在优裕的家庭环境中被娇养惯了，除了读书之外，其他生活琐事一概不关心，尤其是不善于生活自理，处处得有人照顾、伺候他，所以她就下定决心跟他完婚，之后一起去英国。

1935 年 7 月 13 日，钱锺书与杨绛在苏州杨绛娘家的大厅里举行了婚礼，一对有情人终成眷属。他们的结婚仪式采用西式婚礼。据唐晏《一代才子钱锺书》记载，有男傧相、女傧相。新娘披长纱，有为新娘提花篮的花女及提拖地长纱的花童，还有乐队奏曲。杨绛的父亲杨荫杭主婚，张仲仁证婚，新郎新娘鞠躬为礼，戴戒指，并在结婚证书上用印。迎娶到无锡钱家后，一切礼俗和仪式都按照中国传统的来。这一天，两家的亲朋好友来了许多人，连无锡国专的校长唐文治、陈衍老先生都来祝贺，有新月派诗人兼学者陈梦家、夫人赵罗蕤等，众宾客济济一堂，喜气盈门。杨绛后来还为《围城》一书的婚礼情节补充了一些不为人知的细节：在《围城》那本小说里，那位结婚时穿黑色礼服、白硬领圈被汗水浸得又黄又软的新郎，不是别人，正是钱锺书本人，因为他们结婚的黄道吉日是一年里最热的日子。

那天的宾客中还有新娘的三姑母、当过北京女子师范大学校长的杨荫榆，她穿了一身有些不太入时的白夏布的衣裙和白皮鞋。大喜之日穿素有些不合时宜，但通情达理的杨绛体谅三姑母多年不置新衣，当年认为很帅的衣服已经过时。

钱、杨两家都是当地的名门望族，杨绛的三姑母杨荫榆早年因"门当户对"所缔结的婚姻不幸，逃出婚姻后终身未嫁，曾获公费东渡日本留学，又赴美进入哥伦比亚大学学习教育学，并成为中国近代史上第一位女大学校长。据记载，日军侵占苏州时，杨荫榆的住所周围的村庄遭日军奸淫掠夺，她凭借流利的日语多次到军营为邻居索要被掠走的财务，并用自己的住所收容庇护妇女和学生。1938年元旦，杨荫榆被两个日本兵骗出家门并枪杀。她的死为她毁誉参半的一生增添了一抹英雄主义的光辉。

杨绛在《回忆我的姑母》一文中曾开门见山地说："我不大愿意回忆她，因为她很不喜欢我，我也很不喜欢她。"她在文章里讲了很多和姑母相处的事件，对这个早年婚姻不幸的小姑子，母亲因同情而百般迁就，她家的佣人总是因为"姑奶奶太难伺候"而辞工。而一心想在事业上有所作为的杨荫榆在工作中也屡屡碰壁。在杨绛平实的叙述里，三姑母是一个性格精明强势、独立坚韧，却又缺少生活情趣，有些自私自大的人，一个"挣脱了封建家庭的栓结，就不屑做什么贤妻良母，忘了自己是女人"的偏激姑母和成年后带着满肚子的诗书甘做"灶下婢"相夫教子的侄女，"感情冷漠"的更大原因可能是价值观的截然不同，二人分道扬镳。

如今想来，杨荫榆可能只是生不逢时，如果生在和平的时代，凭着她的精明、大义，也许真的可以在事业上有一番作为。国家多难，殃及匹夫。历史的沧桑不会雪过无痕，一个人的功过得失自会有人评说，而阅尽世事沧桑的杨绛，她只想用平实客观的记忆影像还原一个真实的亲人。她是这样的务实、克制且理性，就像她在面临每一个人生选择时一样。

在苏州举办完婚礼，将要离家去无锡。对于这个从小便在父母身边承欢膝下的女儿，做母亲的有许多不舍，她知道女儿不久后行将走出国门求学，便要把家中最得力的女佣暂时借去钱家陪伴她。而年纪轻轻的杨绛考虑了钱家的家庭状况，推说钱家有人照顾，婉言谢绝了母亲的一番心意。然而事实上，钱家一大家子人，只有一个做饭的厨娘和一个做杂活的女佣。出于新人的自觉自律，她婚后一次也没有使唤过钱家的佣人，和妯娌小姑子们一起汲水浣衣。

她的落落大方和得体周全得到了钱家长辈的赞赏，婚后钱锺书的叔叔评价她："新娘子好是好，太好一点，咱们养不起的。"若不是独钟情于钱锺书，论人品门第、相貌才华，杨绛一定不难择得家世更出众的佳偶，也难怪钱家长辈如此"妄自菲薄"了。对此，杨绛更是暗自庆幸没将自家女佣带到婆家。

　　她就是这样善解人意的女子，凭着骨子里的聪慧，在20出头的年龄便有了为人行事顾全大局的风格。杨家有女初长成，在夫家集万千宠爱于一身，据说因为公公喜欢她，惹得年幼的小姑子愤愤不平。婚礼后，一对新人都累病了，钱锺书病愈后便直奔南京接受出国培训。

　　小姑子在陪她回门的路上披散头发不肯梳辫子，她只好一路哄劝才将她哄至家中。

　　从家中离开的时候，妈妈带给她两小篓水蜜桃和一件可以家常穿的冬衣。母亲爱她的每一个孩子，可是对于即将远行的女儿，更是格外的不舍，尽管这个女儿从小便主意颇多，从来没让母亲太过担心。水蜜桃和衣服，分明是母爱的寄托。杨绛将蜜桃分给了钱家长辈，自己吃了大大的两只，那是含着浓浓母爱的水蜜桃，因此格外香甜。仿佛要用这甜美稀释离愁的伤感，也是为了将这甜蜜带到异国他乡。

不知道杨绛当时是否也想过，自己也是养尊处优的大家小姐，未曾离开父母羽翼的庇护，也曾轻易放弃了唾手可得的留学机会。然而她只知道清华大才子需要人的照顾，只知道她也会因此离自己的梦想更近一步。就是这样，初为人妻，她就把照顾他的责任扛到了自己肩上。甚至不惜中断学业，提前从清华毕业。

杨绛以一篇小说代替大考，她散文科目的教师朱自清一向欣赏她的才华，便将这篇《璐璐，不用愁》的小说投给了大公报，那是杨绛公开发表的第一篇小说，满含着细腻的少女心思。

很多人都说她是一个有决断力的人，一旦认定这个人是自己一生的心之所属，她便没有丝毫犹豫。许多人也为她这一举动折服不已，而杨绛却以自己完美的爱情和婚姻证明了这一切。如果一个成功男人的背后，必有一个伟大的女性，那杨绛绝对可以堪称典范。

只是，她一直忘不掉结婚前的那场离别宴席。精心养育 20 多载的女儿行将离家去往异国他乡，张灯结彩的安徐堂内，和着美酒菜肴，亲戚姐妹们聚在月夜下一起送别即将远嫁的姑娘。阴历十一的月亮以残缺的半圆形悬挂在天际，仿佛也为这场景渲染了离愁别绪。隔着几十年的时光，她犹记当时的凄凉气氛。她在想，卧室里的父母是否同样不舍，为她的远行泪湿衣衫呢？那轮高悬于头顶的残月，就此定格，成了她记忆中挥之不去的伤感。

她知道，从此，她将告别人生中一段如花似锦的光阴，进入另一段如歌的岁月。就像所有拥有坚实目标的20 几岁的妙龄女子一样，一边眷恋已逝去的时光，一边更在期待涉足更宽广的世界。

德馨如兰

有人曾对"名媛"进行过定义：名媛就是名女人，它用来形容那些象牙塔尖上的女人的。她们是女人精华中的精华，是淑女中的淑女。名媛是绝对讲究阶级出身的。民国时期的名媛，她们既有高贵的族谱，又有后天中西文化的教育。因此，她们都持有著名女子学校的文凭，在她们的家庭中，她们讲英文、读诗词；学跳舞钢琴，又习京昆山水。她们还可以飞车、骑马、打网球、玩女子棒球甚至开飞机。她们父辈的朋友都是当今在野或已下野的上流社会的知名人士，她们的丈夫，也几乎不是高官，就是才子……

不知道杨绛是否喜欢被称作名媛，但是每一条对照过来，她又是一个不折不扣的名媛。在那样一个充满动荡变革的年代里，她能将自己埋进书斋里，在诗书礼乐的陪衬中走过自己翠色含烟的青春，本就是一份难得的缘分。她的勤学上进、独善其身也让人们觉得她不仅仅是一个普通的名媛。如果说女人如花，每一种花都有自己的灵魂和特质，而不同的人在不同的年龄，身上也会发出像花一样的香气。

20 岁左右的杨绛，更像一株兰。兰花之韵，贵在清新淡雅。像兰花一样的女人不一定要容貌漂亮，但一定要有才情。如兰一样的女人不一定拥有轰轰烈烈的爱情，但她一定向往世界最真的爱情，和最爱的人缱绻依恋。如兰一样的女人心中充满爱，懂得用心呵护友情和亲情，让这些珍贵的感情构成自己生命最温暖的底色；如兰的女人能够淡定地面对生活的挫折，娴静地看待一切人情冷暖；如兰的女人不一定会为花开花落的因果悲春伤秋，但一定会对周遭所见所闻有所感悟。她也会在风清月明的静夜，斟一盏清茶，静思生命的意义。她并不孤芳自赏，但有她自己的清高优雅。

"窈窕淑女"是人们对苏州这座城市的最恰当评价，在这里，有现代与古典的完美结合，仿佛处处充满着淡雅、清香的味道。人们说，苏州的美在于她的含蓄，在于她的底蕴。苏州的美是需要人慢慢体会的。而生于斯、长于斯的女子，也自脱不掉这座城市的气息。杨绛的少女时期大部分在苏州度过，这里的山水园林为她的书卷气质又增加了一丝婉约灵动，让人过目难忘。

　　总觉得杨绛的漂亮是一种藏愚守拙的漂亮，她漂亮得不招摇，自有内里散发的隽秀气质动人。她的五官并没有哪一处特别出众，却自有一种沉静的诗韵在里面。这样的女子，可能不是人群中的最亮眼美女，但是朴素淡雅的气质更加耐人寻味。杨绛在一篇文章里曾说："我母亲是好皮肤，不用脂粉，也不许女儿搽脂抹粉。我们姐妹没有化妆品，只用甘油搽手搽脸。我和三姐刚刚剪掉辫子，姐妹俩互相理发，各剪个童化头，出门换上出客衣服便是打扮了。"揣测一个人的美只消发挥一下想象力便略知一二，女儿从母亲那里继承来的好皮肤加上简单的童化头，即使在审美多元化的今天，我们也无法拒绝那股春风般的清新洒脱。

漂亮只是养眼，气质才能动心。不知道你有没有仔细看过那种兰花，小小的花瓣，多以素白为底，间或点缀翠红、绛紫，她的花甚至有点朴素无奇，但是仔细品味，却能看出这像草一样的植物里竟然透着清雅和高贵。爱兰的人，大多都不喜欢牡丹和玫瑰的大红大紫，因为他们懂得，人生里所有热烈的片段都会如流云消散，唯有一缕淡香才能沁人肺腑，滋润身心。

学霸钱锺书遇上杨绛，大概就是一个爱兰人和兰的相逢，她迎合了他对美好女子的所有想象。后来他笔下也曾有过一个真正的女孩子："妩媚端正的圆脸，有两个浅酒窝，天生着一般女人要花钱费事、调脂和粉来仿造的好脸色，新鲜得使人见了忘掉口渴而又觉得嘴馋，仿佛是好水果，她眼睛并不顶大，可是灵活温柔……她头发没烫，眉毛不镊，口红也没有擦，似乎安心遵守天生的限制，不要弥补造化的缺陷。"唐晓芙的容貌给凡是读过《围城》的人都留下了深刻的印象，仿佛一闭眼就有一个面如新月、眼如寒星的女孩子浮现眼前。据说因为杨绛的皮肤好，脸颊、鼻子都富有光泽，东吴同学曾笑称她"脸上三盏灯"。都说一个男人只会喜欢一个类型的女人，与其说他爱这个人物，连同他眼中世间最美丽的容颜都给了她，不如说因为爱她，所以连笔下最钟爱的人物，也有了她的影子。

有人说，美好的爱情都是在对的时间遇到对的人，然后互相包容，互相关爱，用同甘共苦的相守，用相濡以沫的坚持，超越平凡的生活。从杨绛写下的字里行间中不难读懂，她遇到的那个男子，是值得她用一生芳华倾心相待的。钱锺书出生于诗书世家，自幼受到传统经史方面的教育，他的记忆力惊人，在清华大学读书时，他就与吴晗、夏鼐被誉为清华"三才子"，也曾被人誉为"二三百年间才出的一个天才"。大凡天才，都有高于别人的天赋，也有某些方面明显的缺陷。1929年，钱锺书报考了清华大学，他的数学成绩只有15分，可是英文、国文却都是特优，这样的成绩，本是不够条件的，但是主考老师不忍心退回，只好将此事报告了校长，校长亲阅试卷后立即拍板：此为奇才，破格录取！钱锺书因此进入清华。相比之下，杨绛在做学生时期则是各门功课均衡发展，夫妇俩一个学有专长，一个更加全面，想必也正是这种互补，让他们在几十载的岁月中得以相互欣赏，彼此依赖。

我想，慧质如兰的杨绛，在为他而披上嫁衣的那一刻也早已懂得，这个才华横溢的男子注定会对她一生眷恋，所以她才肯毫不犹豫地放下所有，与他共赴前程。她是一直都知道自己想要什么的女子，两年多的聚散相依，早已让她懂得，精神上的高度和谐才是他们心心相印的根基，有了这份根基，无论再多的风雨相催，也可相伴从容。

流光在走，世界在变，其实，根本没有所谓不朽的青春，也没有无处安放的人生，只是与何人相伴度过这一生一世的珍贵旅途，却是关乎你生命质量的选择。每一个人，都注定要为自己的选择做出应有的付出和担当。你选择了做一棵勇敢的蒲公英，便要随着风的轨迹飘扬四方；你选择做一株温室里的花，纵使接受精心呵护却难见阳光雨露；可是杨绛选择了做那株含熏待清风的空谷幽兰，经得风雨也见得彩虹，始终只为一人盛开。

一个从书斋里走出来的美丽女子，尽管已经习惯了音乐的流淌、书的芳香、天的湛蓝、风的轻柔，但也不惧来路的风雨泥泞。一个承诺，便是一生。即使再多的荆棘坎坷，也并肩牵手。

第二卷　学海泛舟　才情崭露

　　卷首：人能够凝练成一颗石子，潜伏见底，让时光像水一般在身上涓涓而过，自己只知身在水中，不觉水流。人的一生，所处的经历无非就是顺境或逆境。一个人，能在逆境中积蓄力量，方能在顺境中实现梦想。历经无数人世流离和岁月冷暖，杨绛这个出身繁华锦绣的女子，学会如何将每一个普通的日子酿成苦中带甜的美酒，懂得顺着内心的声音，甘把浮名，都化作低吟浅唱。

牛津岁月

有研究者认为，近代以来中国出现过几次大的留学热潮。在西风渐进的思潮涌动下，不少有为学子为了追求新思想新教育，纷纷选择出国留学，以备他日报效祖国。对于当时的青年学子来说，公费留学的主要渠道有三：一是庚款留学，二是中央各部门的选派，三是省一级的选派。其中，庚款留学最为主流，极受青睐。在相当长时期内，这一渠道专属于清华。公费留学制度的意义重大，一方面它有利于学人专业水准的提升；另一方面亦能强化留学生对祖国的认同感和归属感，产生感恩之心，促其日后更积极地回报社会，服务于知识界。晚清民国大约 20 万留学生，归国率远远超过 90%。可见，在实行精英教育的民国时期，钱锺书能够从众多考生中脱颖而出，成为庚款留学生，更是精英中的精英。

路漫漫其修远兮，吾将上下而求索。带着对知识的渴求，新婚的钱锺书、杨绛夫妇踏上了开往英国的客轮。彼时，钱锺书 25 岁，杨绛还不足 24 岁，他们离开了祖国的土地，离开了各自的家庭，牵手迎接了新生活。

第一次远渡重洋，他们的心情在激动之余应该还是有一些忐忑不安，可是在那张邮轮上的合照里，一对青年眷侣，一个开心微笑，一个颔首端坐，脱掉了他们以往的棉袍长衫，身上的西式服装让他看起来更加朝气蓬勃。在杨绛 24 岁的脸上，没有一丝慌乱，就连一丝淡淡的喜悦，也被她掩饰得恰到好处。经历了多年的"北漂"求学生活后，这个出身名门的富家女子，有着超越年龄的沉稳与镇定。

位于泰晤士河上游的英国小城牛津向他们张开了热情的怀抱。这座城市里因为有一所世界一流的学府和遍布各地的古迹成为人们极度渴望来到的城市。在牛津这所人才辈出的学府，钱锺书、杨绛这对中国留学生像海绵一样饱吸着知识的甘露，闲暇之余也品味着生活的美酒。

牛津一定是一个有风情的地方。林语堂眼中的牛津，是一个有历史感的所在：你到了牛津大学，就如同到了德国一个中世纪的小城一样。有僧寺式的学院，中世纪的礼堂、古老的颓垣，有戴方帽穿袈裟的学士在街上走，令人恍惚如置身另一世界。

而在杨绛的眼中，牛津又是一个安静的所在。他们经常一起在大街小巷中穿过，在一个一个学院门前以及公园、郊区、教堂、闹市走过，在一个个店铺前驻足停留，在各种不同形状的房子前浮想联翩，探寻生活的故事……"牛津人情味重。邮差半路上碰到我们，就把我们的家信交给我们。小孩子就在旁等着，很客气地向我们讨要中国邮票。高大的警察，带着白手套，傍晚慢吞吞地一路走，一路把一家家的大门推推，看看是否关好；确有人家没关好的，警察会客气地警告。我们回到老金家寓所，就拉上窗帘，相对读书。"

由于攻读的文学院名额已满，宁缺毋滥的她没有入任何学院，而是选择在牛津大学做一名旁听生，她按照自己的兴趣选择课程，一头扎进西方文学的世界中。没有功课的束缚，便有更多的时间和精力照顾二人的生活起居。通过她在《我们仨》中对这段留学生活的描写记叙，仿佛能看到一个对生活充满热情的年轻女子是怎样乐于在新环境中体验到种种惊喜和发现。

杨绛的文字里带着一种暖暖的温度，邮差、小孩和警察让人们想到英国的绅士贵族，生活闲适得令人神往。显然，她喜欢这样有人情味儿的地方，也许正是牛津闲适的空气，将她浓浓的乡愁稀释，也因为，他们很快就结识了新朋友。那时，他们有很多志趣相投的朋友，"谈笑有鸿儒，往来无白丁"的日子固然风雅，但"陋室"也让她感到了种种不便，她说，他来一位客人，我就得牺牲两三个小时的阅读时间，勉力做贤妻，还得闻烟臭味，心里暗暗叫苦。

而且，钱锺书从小养成的"中国胃"并不适应英国的饮食，寓所房东准备的饭菜，不仅质量越来越差，而且量也越来越小。为了丈夫的营养，杨绛只好尽可能地克制胃口，留出更多的饮食给他。可是即使这样，他也变得日渐消瘦。

她看在眼里，心里着急，觉得这样下去，不仅学习生活要受影响，他们的身体健康都不能保证，她，开始在报纸的广告栏里寻寻觅觅，她要租一间带厨房的寓所。

她用有限的生活预算费用找到了一套满意的房子，有大衣橱和独立卫生间，还有厨房可以自己做饭。从窗户看出去，能够看到花园和草坪。钱锺书本是不赞成她去找房子的，一个不会打蝴蝶结、分不清左脚右脚的人，自然是不肯为换房子的事费心费力。但是他看到房子后喜出望外，从这所房子到学校和图书馆，只要几分钟的时间。此前，他们在一起谈论最多的是文学、诗歌、流派。可是，接触到实实在在的烟火生活，他才知道她柔弱的身躯，竟能支撑起那么多的琐碎。不知道他是不是从那时候开始，在对她的爱慕里，又添加了一层佩服。

我想，那在杨绛心目中一定是他们第一个真正的家，以至于几十年后，她在作品中用了那么大的篇幅描写了她们的家。还有钱锺书为她做的第一顿早餐。"他煮了'五分钟蛋'，烤了面包，热了牛奶，做了又浓又香的红茶；这是他从同学处学来的本领，居然做得很好。（老金家哪有这等好茶！而且为我们俩只供一小杯牛奶），还有黄油、果酱、蜂蜜。我从没吃过这么香的早饭！"

幸福有时候真的就这么简单，一觉醒来，有爱人为你端上热气腾腾的早餐，可是有谁会一直把这样最平凡的瞬间记在心里呢？或许我们中的大多数人，早已习惯了这一复一日的感动，将它视为理所当然的享受。可是杨绛她记得，当她步入晚年，她仍记得初婚时爱人为她做的第一顿早餐。这真是一顿暖胃又暖心的早餐，让她在爱人离去的岁月里，仍能够在回忆中找到余温。

他们在厨房里大展身手，围着锅做红烧肉，把嫩羊肉剪成一股一股细丝，两人站在电灶旁边涮着吃，再煮蔬菜，她也学着炒蔬菜，发现蔬菜炒着比煮着好吃。他们买了一瓶外国酒当黄酒用，文火炖熬，能做出一锅味道很好的红烧肉。炒菜、焖豆，她们学着烹调各种以前没有烹调过的东西，甚至还会剪活虾……"我们不断地发明，不断地实验，我们由原始人的文明渐渐开化，走入文明阶段。"每读一次这些生趣盎然的文字，我就会感动良久。精神再默契的夫妇，都是饮食男女，没有人可以脱离物质而存在，而这些留存下来的饮食记忆，正是某段滋味的见证。也许正如一部纪录片中所抒发的那样，食物的味道也是时间的味道、人情的味道。这些味道，已经在漫长的时光中和故土、相亲、念旧、勤俭、坚忍等情感和信念混合在一起，让我们几乎分不清哪一个是滋味，哪一种是情怀。

就这样，她在异国给自己亲手打造出一个家，也给爱的人建设了一座心灵的居所。他们曾在租住的房子前拍过一张合影，她穿着长及脚踝的条纹大衣，领口设计大气雍容，梳当时流行的齐耳齐眉短发。旁边站着同穿长呢大衣的钱锺书，领口露出一角方格羊毛围巾，尽管面貌模糊，但是仍然从轮廓中找出几分英俊倜傥，衬托得她有些娇小玲珑。可是谁也想不到，这样柔弱的她居然能把生活安排得如此井井有条，那些家务琐事，可能并不是她真正喜欢，她也带着使命感和责任感去做了。她饱含热情地投入到了最平淡真实的生活中，并将略显清贫的生活经营得活色生香。他们在写给父母的家信里，钱锺书不无乖巧地寄奉了一张自己的小照，并说：爸爸，娘，近照一张，已变肥头胖耳之人矣！皆季康功也……

他倍加感恩，她亦是无怨无悔，从决定陪他山高水长的那一刻起她就知道，选择他的好，便要接受他的不足和孩子气，做他身边最好的贤内助。她做到了，或许还有不少成就感在里面。一次她临完字帖午睡，他玩性大起，饱蘸浓墨给她画了个花脸，没想到她的吹弹可破的皮肤比宣纸还吸墨，后来为了洗净墨痕，脸皮像纸似的都快洗破了。从此不敢再画。对于他的这份童心，她其实颇为欣赏。

除了生活上的自由外，她的精神也前所未有地放松。在国内做学生的时候，凭着良好的天赋，她虽然并不需要太用功便能完成学业，但是对枯燥的政治学功课毫无兴趣，进入清华研究院后，她才真正踏上了文学的殿堂，可是她认为，真正的登堂入室还需要更深刻的修炼。而在牛津，图书馆丰富的藏书向她呈现了一个崭新的世界。从来没有这样大片的时间，能够一心一意、心无旁骛地做自己喜欢的事，为此，她非常自得其乐："既不是正式学生，就没有功课，全部时间都可自己支配，我从没享受过这等自由，锺书说我得福不知，他叫我看看他必修的课程，我看了，自幸不在学校管辖之下，他也叫我看看前两届的论文题目，这也使我自幸不必费这番功夫。锺书自从摆脱了读学位的羁束，就肆意读书。"在牛津大学的图书馆里有一张她的桌子，她自己从架上取书来读，读不完的书就留在桌上，下次来接着读。在图书馆读书的学生不多，在这平静的环境里，杨绛充分享受着旁听学生的自由。她说，那一学年该是她平生最轻松快乐的一年，也是她最用功读书的一年。

她按照文学史的先后顺序读了许多西方文学经典著

作，也读了很多侦探小说。能如此肆意地按照自己的兴趣做喜欢的事，更有一个懂她的男人陪伴身边，杨绛的牛津借读时光是如此完美无瑕。

这就是天资出众的杨绛为什么没有选择继续争取学位，而是甘愿做一位寂寂无闻的旁听生的原因。她是一个讲究实际的人，不追求功利，只愿凭兴趣做自己喜欢的事。避开那些意义不大的学业消耗，徜徉在浩瀚的书海中，她可与先哲圣人对话，也可任思绪四处飞扬，还可借此慰藉远离至亲的思念。

相比她无忧无虑的年少时光，从小被过继给伯父的钱锺书却并没有享受到多少童年的乐趣，伯父虽疼爱，但是总归不够细腻，伯母长年抽鸦片，更是无暇照顾他的生活。父亲为人严肃，对他学业要求甚高，上大学之前，他甚至没有像样的鞋子穿，没有好的文具用，童年里的记忆苦多于甜。因此，当她在不断飞来的家信中感受着亲情的温度时，他在羡慕之余，唯有埋头于学业。他本是奔着求知的目的而来，可没想到为了取得一个学位，需要学习那么多不喜欢的课程。因此，他羡慕她即使远离家乡，也有亲情的线紧紧牵扯，羡慕她有那么多自由的时间，做自己喜欢的书事，在书海里任情遨游。

当暑假来临的时候，他们告别了两人经营一新的小巢，背起行囊，去伦敦和巴黎进行一次远游。读万卷书，行万里路，是中国古人的一种求知模式，亦是自我修养的途径。自古以来，有多少文人墨客向往带着满腹诗书去游历世界，开阔胸怀！从天气晴和的牛津到湿润多雾的伦敦，都留下了他们轻盈的足迹。他们由阔气的东头到贫民聚集的西头，由圣詹姆斯公园到海德公园，从动物园到植物园，从特拉法广场到旧书店，一路行走，一路拾取。尽管钱锺书对远游的兴趣远远不如闭门读书浓烈，但因为爱她，愿意走出书斋，陪她一路风尘地看遍风景。

我们总是在想，人的一生要怎么走过才不算虚度。其实，无论用物质奖励生命，还是背起行装去山水中激活生命，都是对自己的厚爱。一个人，既可怀着一份细腻的心思慢蹀浅溪小径，又要懂得敞开胸怀用脚步丈量高山大川，才算不虚度光阴。年华正好的杨绛不愿辜负岁月，她从苏州园林的曲径通幽处走来，游遍北京的名胜美景，又远渡重洋地领略了异国的风土人情。在同时代人群中，如此见识广博的女子并不很多。旅行，让她对生活充满了美好的想象，胸怀更加辽阔，也让她借机接触到更多的有识之士，他们一起谈天说地，碰撞思想。

幽娴贞静的杨绛想必凭借自己不俗的谈吐赢得了大家的喜爱。那年，她还受邀以"世界青年大会"共产党代表的身份和钱锺书一同到瑞士去开会。她为此也曾小小地得意，因为她是有自己的身份，不是跟去的。她还在去日内瓦的火车上和著名教育家陶行知相遇，她记得陶行知带着他们走出车厢，三个人在火车过道头，对着车外的天空，陶行知教她怎样用科学的方法辨认天上的星星，他们一起谈天到天亮。

对于一个思想独立、才华出众的 20 几岁女子来说，生活正向她铺开五彩斑斓的色彩，那些文学巨著是她的至尊信仰，而外面的世界于她更是充满吸引力。对她来说，在大才子身边陪读的时光虽然悠闲自在，但也渴望一片属于自己的天空。也许正如她自己说的：我们曾如此渴望命运的波澜，曾如此期盼外界的认可……她从来都是橡树一般的女子，能够与相伴的那个人分担寒潮、风雷、霹雳，也能共享雾霭、流岚、虹霓。纵使柴米油盐的生活也难以掩饰其闪耀的光华。

那一年的杨绛，从一个不识人间烟火的女子变成了惯于应付生活琐事的主妇。不过，她并未因此消磨一丝诗情画意，她还是那个容貌秀丽的阿季，走在异国的人群里，她的齐耳短发和娃娃脸让人对这个美丽的东方女子频频注目，她的一张未经尘世熏染的粉颊依然泛着细瓷般的光泽，像新鲜的水果那样，美艳如初。尽管很快她就将成为一个母亲。

初为人母

　　有时候，我们为了回顾一段朦胧的心情，专门去听一首过去的歌，走一段走过的路，翻检一下旧时的物件。尽管那段时光，业已逝水东流，不复重来。如果可以，我们甚至渴望在某个周末午后，像童年那样去山上、去野外，采一束不知名的野花带回家，插在清水瓷瓶中，看它静静地开放，恰似过去的某段年华。只是，过去的时光像书页一般翻过，再也回不到最初了。所以，无论人生的哪一段路，我们都要尽量走得从容不迫，不急不缓。

远行归来的杨绛，肚子里多了一个小生命，在女人的最佳生育年龄里，她欣然接受了命运的馈赠，满怀期待地做着准妈妈的准备。她甚至来不及和自己的如兰岁月做一个告别，便投入了另一段更为劳碌的烟火生活。

　　她已经从心理上做足了为人母的准备，可是仍然没想到一个新生命的到来对母亲而言意味着什么样的改变。"我以为肚子里怀个孩子，可不予理睬。但怀了孩子，方知我得把全身最精粹的一切贡献给这个新的生命。在低等动物，新生命的长成就是母体的消灭。我没有消灭，只是打了一个七折，什么都减退了。"她读的书不如以前多，内心歉然，她用一个不动声色的幽默将身体和心理的变换一带而过。也许对她来说，比起亲自创造出一个生命的自豪和喜悦，又有什么辛苦是可值得一提的呢？

　　他很早就陪着她去产院订下了单人病房并请女院长介绍最好的专家。可是孩子迟迟不愿意出来，直到过了预产期几天后才住进医院。生育是一桩神圣而庄严的事，可是总伴随着极致的疼痛。也许，正是因为过程的艰辛，才会倍加珍惜，在不断袭来的阵痛间，将为人母的人也会接受一次深刻的哲学洗礼，唤起对生命的虔诚、敬畏和感恩。她拼尽全力也无济于事，最终被注射了麻药，等她醒来的时候，宝宝已经被包在襁褓中了。

在最疼痛难忍的时候，她没喊也没叫，这让当地的护士很吃惊，她没想到还可以喊叫，她说："叫了喊了还是疼呀。"护士们更吃惊了，这个身材娇小的东方女人，简直是个哲学家！那年，她是一个只有20几岁的即将成为年轻母亲的女子，即使身穿美丽的洋装，在社交圈中说一口流利的英文，也依然有着中国传统妇女的沉稳内敛。

钱锺书想要一个女儿，一个像她一样的女儿。这样的表达，乃是对一个做妻子的最高赞美，当恋爱的炽热褪去，一起在柴米油盐中共筑烟火，她仍然是他理想中的完美女子。都说钱锺书刻薄犀利，他笔下的女子从鲍小姐、苏文纨到孙柔嘉，甚至现实中的女人，都被斥以最苛刻的批判。而面对一生挚爱的人，他也毫不吝啬真诚地赞赏。

爱就是这样自私，暖男人人都喜欢，但是如果不能用包容和爱温暖身边的人，便是用情不专。相反，一个骄傲不羁的男人，若能将所有痴情放在一个女子身上，便能真正安暖。杨绛所钟爱的是如此一个感性的男子。女儿出生，他仔仔细细地将她看了又看，得意地说："这是我的女儿，我喜欢的！"他精通多种语言文字，能背诵无数的诗词和文献，能将经史子集随手拈来、头头是道，可是面对一张还没长开的初生婴儿面孔，却因初为人父的喜悦而显得词穷。

他的毕业论文到了最关键的时刻，牛津校风严谨，若毕业论文不能顺利通过，他放弃很多喜欢的课程的苦读便付之东流，拿不到毕业证更无法给奖学金一个交代。可是他仍然一天跑来数次看医院的妻女。得知他跑来四次才见到他们的女儿，她又心疼他来回劳累，叮嘱他坐汽车回去。她不是一个娇气的女子，和每一个善良的妻子一样，她们在婚姻中只要感受到丈夫的关爱就足够了。

医院照顾得很好，她在医院住了近一个月。在护士的照顾下，每日去阳台晒太阳。我想那时她躺在洒满阳光的大床上等待护士把孩子抱来喂奶时，心情一定充满了恬淡的喜悦。单人病房虽然清净，但是孩子和母亲并不同居一室。因此她羡慕那些普通病房里，妈妈们能够和孩子共居一室，每时每刻都看到自己的孩子。她也和护士学会了怎样给娃娃洗澡穿衣服，如何照顾自己的孩子。曾经十指不沾阳春水的杨家四小姐，在异国的医院里，在没有人照顾的月子里学会了怎样一丝不苟地照顾自己和小孩子。

可是一个人在家过日子的钱锺书总是闯祸，早在刚踏上牛津的土地时，他就摔掉了一颗大门牙。而现在，他好像是一个故意犯错误的孩子一样，不是打翻了墨水瓶就是碰坏了台灯，她在病床上好言安慰：不要紧，有我呢！她回去后真的把台灯修好了，也把被墨水染花的桌布清洗干净了。他为她面对生活琐事的智慧所折服。

她也记得，他刚接她从医院回家的那一日，心疼她产后虚弱，他从繁复艰巨的论文作业之余抽出时间悉心照顾，他炖了鸡汤，还剥了碧绿的嫩豆瓣，煮在汤里。她惊诧于一向习惯于被照顾的钱家大少爷居然也有这般细心，凡尘烟火里的这些浓汤热茶仿佛一粒粒珍珠般，在细碎的时光里闪耀出动人的光芒。

远离父母家人，在异国他乡初尝为人父母滋味的两个人，千般欣喜冲淡了生活中的种种困难。初尝生活滋味，里面有艰辛也有快乐，每一次探索都是带着小刺激的探险，探险成功便是生活的胜利。也许，这正是杨绛所期望的生活，与一段纯粹的感情相伴，悲喜有度，冷暖自知，看爱情开花结果，安暖度日。

1937 年 8 月，一代才子钱锺书怀揣一张牛津大学文学学士文凭，携妻带女，告别了牛津，前往法国巴黎继续学业。那是一场轻盈潇洒的迁徙，挥一挥衣袖，不带走一片云彩。当年，他们本是抱着求知的信念放逐异国，无论是英国牛津还是法国巴黎，都是他们旅途上的驿站，他们所要做的，便是不断地汲取知识的甘露，以期回国报效。

不同于此前婚后双双离开祖国前往牛津的期待和忐忑，他们身边多了一个孩子。他们给她取名叫圆圆，一个在当时叫起来并不俗气的亲昵乳名。她还是那个神态从容的知性女子，只是她的身上已褪去初婚时的最后一丝稚嫩，窈窕身材也比原来丰满。在巴黎，尽管有很多将孩子入托或找人帮忙照顾的机会，但是当她成为一个母亲后，就义无反顾地扮演起了保护者的角色，用浓烈的爱编制成巨大的羽翼，将女儿置身于她的羽翼下，一步也舍不得离开了。她拒绝了将孩子寄养的友好请求，把大部分原来用在读书的时间都放在了照顾孩子身上。在巴黎大学，他继续学业，而她的主要任务就是照顾孩子。

在做母亲之前，每个女子都是自己精神世界里的中心，可是当她成为母亲后，人生便又换了另外一番天地。孩子的冷暖饥渴、喜怒哀乐，母亲全都牵挂在心，她的第一次笑，第一次哭，第一次翻身，第一声喊叫，她的某一个动作、表情，她的稚言稚语，都成为母亲记忆中的珍宝。杨绛的读书时间较之在牛津的第一年大大减少，因为照顾孩子是比读书更重要的事，以至于过了60多年她的女儿因病离开后，她仍能够将女儿初生时的一件件趣事写到书里，仿佛事情就发生在昨天一样。

"我把她肥嫩的小脚托在手上细看，骨骼造型和锺书的一模一样，觉得很惊奇。锺书闻闻她的脚丫丫，故意做出恶心呕吐的样儿，她就笑出来。她看到镜子里的自己，会认识是自己。她看到我们看书，就来抢我们的书。我们为她买一只高凳，买一本大书——丁尼生全集，字小书大，没人要，很便宜，她坐在高凳上，前面摊一本大书，手里拿一支铅笔，学我们的样，一面看书一面在书上乱画……"

圆圆是一个安静的小孩，她有着和爸爸一样浑然不觉的痴气。大人怎么生活，小孩便怎么游戏，她的游戏道具，便离不开书和笔。古人认为，胎儿在母体中能够受孕妇的言行感化，故为胎教，也许是得益于母亲独特的胎教，小小的圆圆就已经是一个嗜书如命的孩子，后来她和爸爸妈妈一样，在书籍的陪伴下度过了自己充实而高洁的一生。

在巴黎，他们租住的公寓很好，女主人善烹饪，美味的法国菜一道道端上桌，一边分享，一边聊天，一顿饭要花去两小时的时间，这种奢侈的享受对于惜时如金的钱锺书和杨绛来说却是负担，他们需要更多的时间读书和照顾孩子，没有大把的时间可以花费在餐桌上，因此不久后便自己做中餐。天气晴好的时候，她推着可爱的女儿去晒太阳，呼吸新鲜空气，看着孩子一天天长大，牙牙学语，她无比欣慰。

从多雨多雾的英伦岛国，到艳阳明媚的古都巴黎，他们仿佛投入了另外一番天地。宽松自由的学术氛围也为他们这对追求思想自由的夫妇提供了更多安放身心的空间，在巴黎大学，不喜交际的两个人依然交往了许多志同道合的朋友。

二战前的法国，人们都在享受着美妙的杂乱，钱锺书喜爱法国文化，相比牛津大学严苛的考试制度，巴黎大学对学生的放任自主和人本精神，更符合这个中国留学生做学问的追求，他的天马行空，终于在这片晴朗的天空下找到了自由。平时，他除了扎扎实实读自己想读的书，便是选择一些有意思的课去听。他读中文、英文，也读法语、德文、意大利文，在各国的文字中纵横捭阖，如鱼得水。夫妇二人，一个在照顾孩子中感受着生命的欣喜，一个在文化的海洋中酣畅淋漓地遨游。

也许命运就是喜欢这样捉弄人，正当她沉浸在为人母的喜悦时，却得到了母亲不幸离世的消息。这样的打击，对于一个刚当了半年妈妈的人来说，竟是如此沉重。26岁的杨绛甚至无力独自面对这样的悲伤，她在无以复加的悲伤中无法自拔，整日哭泣，她将对母亲的思念和子欲孝而亲不待的遗憾化作千行泪，洒在异国的土地上。好在她的身边还有两个最重要的亲人，有女儿的无条件依赖，有爱人的百般劝慰。也许那时候她还年轻，不知道能够在爱人的怀抱里任情啼哭竟是一件幸福的事。

其实，和死别相比，生离大可不算什么悲伤的事。有些生离是出于无奈，有些生离却是一种实现自我追求的选择。当年杨绛依依不舍地告别父母，奔向一片更为广阔的天地，尽管也思念难当，但家信中的嘘寒问暖，互道珍重，也是一种不可言说的幸福。可是她不会想到，这一次离家远走他国，竟然是和母亲的永别，妈妈带给她的水蜜桃，还在她口中回荡着甘甜芬芳的余味，妈妈亲手缝制的冬衣，还在帮她抵御着异国的风寒。

妈妈患的是恶性疟疾，俗称打摆子，通常是由蚊虫叮咬感染引起的，并非不治之症，可是在兵荒马乱的年月，又在逃难的路上，无从求医问药。这是多么的让人遗憾啊！她在心中历数母亲的种种美德，觉得命运是最不讲理的。可是生活还要继续，即使面对家灾国难。在战乱中，个人的悲喜显得那么微不足道。面对这无能为力的痛苦，她唯有以妻子和母亲的觉悟超越痛苦，在书中、在家务中、在对孩子的陪伴中淡化那份对母亲的依恋。

光阴走过，多少往事随云烟飘走，几许欢笑已化作无言，几缕尘缘在岁月中走散，生命的行囊里承载不了太多的故事，所以人生注定一边行走一边丢失。直至后来，命运浮沉、几多辗转，她把能丢的、能扔的都果断地舍弃到岁月的流光中，而只藏起一腔儿女情长，待人走茶凉，扒开岁月的尘土，才有勇气再去寻觅一缕如烟的往事。往事不堪回首，也许，我们唯有用如此庄严的敬畏，才能面对流年里那些注定会发生的失去。

生活就像一盒果仁巧克力，你永远不知道，下一颗尝到的是什么味道。若是在和平年代里，他们本可以在异邦尽情享受着生活的自由和甘甜，未来本可以向他们展开多条五彩斑斓的大路。然而，乱世的阴霾逐渐笼罩在他们的头顶，通货膨胀，物价飞涨。而祖国的战火纷飞更让他们时刻牵挂，通过报纸和亲友来信，杨绛和钱锺书不断得到国内的战事消息，看到日寇气焰嚣张，大片国土沦丧，亲人失散，他们的心情，也日益变得沉重悲愤。

此时，再精致的法国菜，也失去了往日美妙的甘甜，他们的中国朋友们，也无心再在巴黎的咖啡厅里，就着流淌的轻音乐谈赋论诗、激扬文字。钱锺书的奖学金还可以延长一年，但是他们下定决心，待学期结束就如期回国。

心念祖国

"文凭就好像有亚当夏娃下身那树叶的功用，可以包羞遮丑，自己没有了文凭好像精神上是赤裸裸的，没有了包裹。"身为一代鸿儒、中国文学史上最具独立特性的作家，钱锺书曾用这样的比喻讽刺了现实生活中的不少知识分子，认为人们对于一纸文凭的趋之若鹜是出于虚荣心理。讽刺是辛辣的，有人因此说他"狂傲不羁"。其实这狂傲不羁，也是需要资本和底气的。

在异国留学的时光里，钱锺书、杨绛夫妇生活的主旋律就是惜时如金地读书。钱锺书取得了牛津大学学士后，再也不愿去读学位了。他们俩双双放弃了读巴黎大学博士学位的机会，因为觉得花那么多时间去修学位不值得，不如省出时间读书收获更大。而杨绛更是非自己喜欢的专业不读，几次放弃了取得学位的机会。这种求其实而弃浮名的读书法，丝毫不含功利性，成为我们这个时代越来越稀缺的精神。

在英法的三年中，杨绛对亲人愈发思念，他们对家的渴望也愈来愈强烈。吴宓之女吴学昭在《听杨绛谈往事》中谈到，1938年春，钱锺书在写给英国朋友的一封信里说："我们将于九月回家。而我们已无家可归。我们各自的家虽然没有遭到轰炸，都已被抢劫一空……我的妻子失去了她的母亲，我也没有任何指望能找到合意的工作，但每个人的遭遇，终究是和自己的同胞连接在一起的，我准备过些艰苦的日子。"钱、杨夫妇很少高调声称爱国，他们的文学作品风格以幽默讽刺见长，而并无刻意迎合政治主流。他们甚至因此被误解为清高，甚至有人因他们在各种政治运动中表现得比别人更加冷静理智，而给他们贴上了"麻木利己"的标签。甚至有人质疑他作为一个知识分子关注这个时代却不向这个时代发言，对时代保持沉默……不过毕竟这样的误解并非认知主流，说这些话的人，也许是因为并未把自己置身同样的处境中换位思考。其实，他们只是一对渴望平凡生活、潜心做学问的知识分子夫妇，而淡泊明志，只是做学问者所需要达到的一种首要境界。外界的评说，他们无暇理会，也不去辩驳。关于爱国，杨绛只淡淡地说，一个人在紧要关头，决定他何去何从的，也许总是他最基本的感情。因此，待钱锺书的学业一结束，他们便一路向东，风雨兼程地回到了祖国的怀抱。

1938 年的夏天，杨绛和钱锺书结束了他们为期三年的游学，踏上了开往祖国的法国邮轮。由于战局动荡，那张三等舱船票，他们是千方百计托人买来的。三年前和初婚的爱人出国时是带着求学抱负的寻梦之旅，她的心中更多的是渴望和憧憬，而此番归国，她的心里添了几多悲伤和愁绪。即将踏上祖国的土地，见到日夜思念的亲人，杨绛的心情可谓百感交集。

人们总是渴望着，人生里能有一场说走就走的旅行，不在乎终点的距离，只在乎沿途的风景。殊不知，这是一种多么奢侈的挥霍。对于归心似箭的钱锺书、杨绛夫妇来说，没有什么比回家更为迫切的期待了，即使家园受创、前途未卜。为此，钱锺书甚至放弃了还可延长一年的庚款奖学金。他们只希望船能快一点，再快一点，好让他们尽快重温亲情的旧梦。

也许是行程太过匆忙，杨绛没来得及为不足两岁的女儿准备一点食物，由于三等舱的伙食太差，顿顿饭只吃土豆泥，让他们的女儿从一个胖娃娃变成了一个瘦弱的孩子。这让做母亲的杨绛追悔莫及、自责不已。20几天的海上漂泊似乎太过漫长，好在，邮轮终于在香港靠岸了。

还没来得及拂去海上带来的一路风尘，钱锺书就只身前往西南联大报到，为了妻女一家的生计，也为了不负多年学有所成。他们又一次不得不听从命运的安排分居两地，尽管挥手告别是如此不舍。而杨绛只得带着女儿只身回到上海，迎接所有未知的艰辛。

杨绛此前念念不忘的是，离开家那晚，她在苏州的旧宅院里抬头看到的那轮残月，和不胜凄凉的别意。而此次回国，她却再也回不到当年看月的庭院了，仅仅三年的时间，那些闺中的闲适时光，已被岁月轻轻带走。华夏大地上发生了多少事，让她这个远游的女儿流离失所，有家难归。

苏州沦陷后钱家和杨家像所有当地人一样来到上海

逃难避居，那时的上海已成为一片孤岛，日军攻占了上海，炮火的硝烟还没有散尽。在上海的辣斐德路有钱家租下来的弄堂房子，一大家人居住也嫌拥挤。杨绛只得和父亲一起带着女儿借住在霞飞路的亲戚家。虽然局促，但总算是有了一个容身之所。何况还可时刻陪伴父亲，兄妹也可常来相聚，对于珍视亲情的杨绛来说，也是欣慰之事。

只是，那时的家对杨绛来说已经不能算是真正的家了。她时而住在父亲那里陪伴父亲，时而去钱家看钱锺书父母，尽大家庭长媳的责任，无论是父亲居住的地方，还是公婆的家，都是她的匆匆驻足的客栈。家园多灾，亲人离乱，她自知不能奢求更多。只是尽自己所能，去恪守孝道。

我想，那段岁月对她来说并非不是考验，曾经的名门淑媛，纵有满腔的学问，却终日要面对生火烧饭的日常琐屑。其实，家务琐事对于她来说并不是难事，在国外，她不仅一手包揽丈夫的衣食住行，还能将女儿养得白白胖胖，相比之下，与一个大家庭的和谐共处，却是需要智慧和耐心的。为了维持这份和谐美满，她默默地收起了自己钟爱的那些诗书和外国名著，和并没有多少共同语言的婆婆、妯娌们一起操持家务。从踏上祖国土地的那一刻起，生活，便对这个曾经养尊处优的知识女性展开了新的考验。

作为一个从小成长于民主、优越家庭的女子，加之天资出众，学贯中西，又精通多国语言，如若不能有一个更大的人生舞台供她施展才能，于情于理都是一种浪费。她从不在人前炫耀自己的才华，但并不意味着她甘心只做灶下婢，她是一个有生命能量的女子，就像一朵花，在盛夏的季节里都要进行一场怒放的盛开一样，她也不会任由才情志向在艰难困顿中消磨殆尽。她不惧怕过平凡的生活，但是知道人的一生应该有所追求，最好还能够有所建树。

可是，她纵然满腹才学，当时在日本铁蹄践踏下的上海，她的谋职过程并不那么顺遂。凡是与日本侵略势力有关的职位，她一概不去考虑。据说，钱锺书的父亲也并不赞成杨绛出去工作，建议她在家中学做家务。可是杨绛的父亲却积极支持女儿出去工作，他说，钱家倒是很奢侈，我花这么多年心血培养的女儿就给你们钱家当不要工钱的老妈子？也许，开明的父亲知道，自己的女儿有能力在事业上有所建树，理应在家庭之外开辟一份属于自己的天地。在这场新旧观念的拉锯中，接受过高等教育的新式女性杨绛愿做自己命运的主宰者，她有权利选择自己的生活方式。

她找到一份家庭教师的工作，教一个富人家小姐全部的高中课程。虽然只是一个家庭教师，但是杨绛干得很用心，也许正如她后来所说："上海沦陷期间，只要是正当职业，我们都干！"相比钱锺书的文学专长，杨绛上学的时候便是各科成绩均衡发展，她似乎无所不能。也许，在顺境中，一个人的专长能够得到更有效的发挥，可是面对逆境中的生存，只有那些才能更加全面的人才能做到收放自如。

有时候，人和人的缘分就是这样奇怪，多年前相逢过的人，再相逢时便会开始另一段故事。就在杨绛安心做她的家庭教师时，她的中学校长王季玉先生找到了杨绛，那时，一心扑在教育事业上的季玉先生正在上海租界创办学校，期望杨绛能够帮助她办学，出任振华中学校长。这对于任何一个渴望事业成功的女性来说，都是一个难得的好机会，但是这却让杨绛左右为难。早在十多年前，当她还是苏州振华中学的一名学生时，就因聪敏好学、才华出众而深得各科老师喜爱，更是受到校长王季玉的赏识。季玉先生一心认定杨绛是她学生中最优秀的，也是做这个振华中学校长的不二人选，动之以情晓之以理地再三请她帮忙。她们原本师生恩重，无法拒绝老校长的一番美意，她只好答应下来。此番走马上任，她原是盛情难却。

那是 1939 年，杨绛只有 28 岁。这个年龄有的人还在求学的路上砥砺前行，有的人还沉浸在不明朗的感情中不可自拔，正当许多同龄人还在对前途未来迷茫不定时，杨绛已经是一个颇有资历的人了。她早已从中国最高学府读完研究生，又在周游英国、法国中开阔了自己的视野；还已经在世界顶级名校里中博览群书，熏陶出了一身高贵知性气质；她也在和众多通过公费出国的学者精英们的交往中阅人无数；更让她值得骄傲的是，她还生了一个天使般的女儿，并亲手把她从呱呱坠地抚养到了牙牙学语；她和一代才子钱锺书已经相识多年，她几年如一日地爱着并支持着这个才学渊博的男人，并牢固地拥有着他的爱慕和敬重……

这样的成就无论放在什么年代，她都算得上人生的赢家。对于这份不费力便得到的工作，她的父亲笑称她是"狗耕田"。从财务管理，又到师资管理，28 岁的杨绛逐渐理顺了工作，不久后，振华分校在她的治理下一切都井井有条。

她是不轻易服输的性格，做事宁可不做，要做便做到最好。她一边担任着学校的管理工作，还要教一门英文课程。业余时间又要去富人家做家庭教师，她像陀螺一样忙碌地生活着，甚至让她抽不出时间陪女儿读一本故事书，做一做游戏。

人的一生都在做着各种取舍，也总是在惋憾，惋憾于求学忙碌，未能尽情享受强健的体魄；惋憾于工作忙碌，未能尽心陪伴父母子女……人到中年，往往会发出重走一回青春的无奈心声。不要问，如果时光倒流，你还会不会坚持曾经的选择，追逐过去的执念。因为，每一种选择都是经历，无所谓对错，只有走过后，才知道选择的分量。年轻的杨绛，试图在生活和工作中做着各种无奈的平衡，始终觉得，一所学校的管理工作，和自己的志趣相去甚远。

而此时，钱锺书的事业也面临着一个重大的选择，是继续留在母校工作，还是听从父命去蓝田师院做系主任。那时钱锺书工作很顺利，且已接到了下一年的清华聘书。他是当时学校里最年轻的老师，他的学生们喜欢听这位比他们大不了几岁的老师讲课，说他一次讲课，就是一篇好文章，一次美的感受。

可是父亲钱博基希望这个钟爱的长子能够留在身边，家人也一致认为钱锺书应该服从父亲的意愿。对于丈夫的苦恼，作为妻子的杨绛有自己的看法，没有人比她更珍惜钱锺书的才华，更关心他的出处去就。她并不赞成钱锺书丢掉清华的工作回到蓝田。可是她懂自己的丈夫，对于丈夫的职业选择，她更希望尊重丈夫本人的意愿。

但在"父命难违"的传统力量面前，她的反对显得多么虚弱无力。为了不给丈夫增加苦恼，她只有选择通情达理，三缄其口，不提建议。她在钱锺书决定未来事业的去向问题上保持了极大程度的忍耐和沉默。或许是迫于家庭压力，作为孝子的钱锺书不忍拂逆老父心愿，选择放弃清华，前往蓝田任教。显然，这对于钱锺书、杨绛夫妇来说，这是他们为传统的封建家庭做出的一个无奈的选择，但杨绛是个高远旷达的女子，她当年能够提前毕业陪钱锺书到牛津求学，也能够一踏上祖国的土地就和奔赴事业的爱人分别，用稚嫩的肩膀挑起一个家的责任，更能理解他的对家庭的妥协。有人说，选择比努力更重要，钱锺书的这个选择让他在未来很长一段时间内处于事业的低谷，当他再想回到清华时却已阻力重重，我想此事大概一直是杨绛心中的一件遗憾。但是她并未抱怨，只是静静地承担起生活的担子，默默地支持了丈夫的选择。

后来她说，振华中学校长的职位是她一生中当过的最大的官，但是她还是在两年后放弃了这份干得风生水起的工作。尽管阅人无数的王季玉校长百般挽留，但她仍然坚决地辞职了。有人说她是个有决断的人，从这件事上可见一斑。后来杨绛在她写的《命与天命》一文中说："当时我需要工作，需要工资，好好的中学校长不做，做了个代课的小学教员，这不是不得已，是我的选择。因为我认为听从季玉先生的要求，就是顺从她的期望，一辈子继承她的职务了。"她对这份工作原本只是临危受命，并不想因此而荒废了自己的兴趣和梦想。

她的梦想藏在心里，不轻易说出口，对信任她的老校长更不能说。只是，人各有志，有人喜欢在仕途中翻手为云，覆手为雨，有人喜欢静居书寓一角钻研学问，有人只愿意出尘避世进行一场逍遥游，无所谓俗雅高下，只是人生苦短，按照自己的意愿选择想要的生活，才是对自己的善待。相比一所学校的管理，杨绛更喜欢在创作中寻找生命的意义。她只不过听从了内心的声音，一如她当年选择和她志同道合的人共度一生那样。

在杨绛的众多职业中，谦虚的她始终将自己"主动归零"。事实上，在恩师王季玉的慧眼识珠之下，她拥有着比许多人更高的事业起点。我们甚至会设想，如果她沿着季玉先生的期许，将这个校长做下去，也能够在教育事业上做出一番成就。可是如若这样，她便也可能像季玉先生一样，声名最终隐匿在无数优秀的教育家名列中，我们便看不到如此经历丰富、豁达睿智的杨绛了。中国文坛上，也会少了一颗闪耀的明星。被大家所遗忘，也许正是杨绛所期待的，可是我们不愿意忘掉她，曾经给这个世界留下的美好，以及那么多可贵的精神财富。

"如果我们反思一生的经历，都是当时处境使然，不由自主，但是关键时刻，做主的还是自己。"在杨绛看来，命运最能捉弄人，许多事情是不由自主的，但有些事情是由命定还是由性格、意志决定，确实值得追究。她既不是坚定的唯物主义者，也不是顽固的唯心主义者，她只是一路行走，一路感悟，用自己的人生经验解答一个个人生疑问。她一生经历过许多不由自主的事，可是这一次，是她拒绝了季玉先生，辜负了她的重用和栽培，然而对于这个选择，杨绛唯有歉然，从未遗憾。因为她懂得，只有不为浮名所累，才能沿着内心的选择去探寻更美的风景。

她又很快就找到一份小学代课教师的工作。她说"工资不薄，每月还有三斗白米，只是校址离家很远，我饭后赶去上课，困得在公交车上直打盹儿"。杨绛接受了命运的安排，认真地做一名小学教师。就像她嫁入钱家时坚持不带佣人一样，这次她又不事张扬地在履历表的毕业院校一栏里添上了东吴大学，丝毫没有提及自己的清华研究生学历和留学的经历。

人们都说中国的知识分子历来清高，而杨绛和钱锺书同为知识分子的典范，她后半生的低调和避世甚至被加上了"清高"和"孤芳自赏"的标签。但是面对生活她的考虑最为实际。她需要用自己忍着不睡午觉的疲惫挣来的工资改善家里人的衣食住行，在确保从事正当劳动的前提下，她愿意为三斗米折腰。

昔日大学里的才女，中外名著尽收胸中，通晓几国外语，卸掉一所学校的管理工作后，立刻成为小学代课教师。不知道有没有人说这是对她的大材小用。只是很多年后，她在给一位充满人生困惑的年轻人回信时说了一句诚恳的话：你的问题主要在于读书不多而想得太多。后来这句话成为许多年轻人的座右铭，在面对浮躁的社会迷惑不解时，它就像一个谜底一样，让人幡然醒悟。

有句话很流行：理想丰满，现实骨感！现实和理想之间往往总隔着千山万水，许多人一心向往高山大川的壮观美景，却忘掉了曲径通幽的羊肠小道才是通往梦想的必经之路。其实，有时只要心平气和地听从命运的安排，在逆境中安之若素，积淀阅历，便是对自己最好的修炼。

人们总说，不要在最能吃苦的年龄选择安逸，锦瑟流年，花开花落，岁月蹉跎，匆匆而过，有时候人生短得像一季花期，错过了花期，便难以再迎春怒放了。而恰同学少年，自是应为深埋在心中的理想拼搏几回。已略尝人世沧桑的杨绛懂得，时光如白驹过隙，当年轮碾过青春，韶华倾负，错过了人生最为难得的拼搏经历，对生活的理解和感悟难免流于浅薄。尽管那时的杨绛，可能还说不出"世界是自己的，与他人无关"的禅境之语，只知道她的内心，渴盼着外界的认可。

因此，她无论做什么，都做得尽心尽力，这份小学代课教师的工作，杨绛干得很认真，她能很快便叫得来班级里所有学生的名字，那些平时调皮的低年级学生因为得到了老师的关注而变得格外乖顺。她能够把其他教师不愿管理的班级管理得井井有条。她这个非师范类专业的教师，竟比年长的教师们更有经验。很快，亲切随和的她在学校里赢得了极好的人缘。

然而，她毕竟不是一个普通的小学代课教师，同事们发现，这个谦虚文弱的女人不同凡响，她骨子里的坚贞竟比那些七尺男儿还要刚直不阿，面对强敌凌辱时表现出常人难有的勇敢无畏。杨绛在《闯祸的边缘》一文中曾叙述了在做代课教师期间所遭遇的险情。当时她家住在法租界，她需要乘车到法租界的边缘，再改乘公共租界的有轨电车。在步行穿过有日本人把守的黄浦江大桥时，乘客得向日本人鞠躬。她不愿意行这个礼，低着头就过去了，侥幸没有被注意。上了电车后，日本人还要上车检查一遍，如果日本兵上车，乘客都得站起来。和不愿意鞠躬一样，她也不愿意站起来，有一次站得比别人晚了些，被一个日本兵觉察了，那日本兵用食指在她的下颏处猛地一抬。她登时大怒。她不会骂人，只是使劲咬着牙，一字字地大声说："岂有此理！"全车人都很吃惊，停止了说话，整个车厢鸦雀无声。日本兵对她怒目而视，相持不知多久，日本兵下车了。杨绛身旁的同事吓呆了。她半晌没开口，她受到了羞辱，但她也不甘示弱地回击了日本兵，但她还是一肚子羞愧，恨不能放声大哭。

还有一次，一个日本人到家中搜查，杨绛从容机智地应对了他们的询问，并假借上楼倒茶的时机，将钱锺书正在写作的《谈艺录》书稿藏了起来。第二天去日本宪兵司令部问话，全家都很担心，但是唯独杨绛很镇静。尽管后来知道日本人找的不是杨绛，而是另外一个人，但是由于杨绛的剧作热映，已是名声在外，故引来这样一场误会。尽管是虚惊一场，但是当时钱家上下都为她临危不乱的沉着冷静而惊赞不已。

那时，钱锺书已辞去蓝田师院的职务，回到了上海，他已过够了颠沛流离的分居生活，渴望留在妻女身边甘苦与共。他说：从今以后，咱们只有死别，不再生离！我不知道当时的杨绛做何反应，只知道这是爱情最完美的归宿，也是我听过的最深刻的承诺，听来只觉情思幽幽。这是个注定需要用一生实现的承诺，他们做到了，除了后来被分到干校的无奈分离，他们再没有分开过。经过几十年的时光，这诺言依然在时空里回响，其实，杨绛只是个渴望平凡的女人，她甘于平凡的精彩，尽管这也是她的不凡之处。

沦陷区的上海，找一份工作并非易事，钱锺书曾去向任暨南大学英文系主任的好友陈某求职，陈说正好系里对某老师有些意见，可让钱锺书顶替他，但是钱锺书知道生活艰辛，在当时的社会环境下知识分子举步维艰，不肯夺取别人的职位，因此一口回绝。他接受了岳父杨荫杭让给他的工作，在震旦女子文理学院教一门《诗经》。该校的负责人是位爱好中国文学的英国修女，对这位博学多才、文学造诣高深的代课老师很是赏识，又给他增加了课程。尽管如此，微薄的收入仍不足以应对飞涨的物价，钱锺书还收了几个慕名而来的拜门学生，相比此前在大学里做教授时，面对讲台下座无虚席的天下桃李，在家中培育一两个拜门学生自然是有些冷清，不过这样的师生关系更具人情味，他和学生们关系和谐，亦师亦友。而杨绛做家庭教师、做小学代课教师，后来也写剧本，他们靠这些收入维持家用，生活虽清贫，倒也其乐融融。

杨绛从父亲的住处搬回了辣斐德路的婆家，他们在辣斐德路的钱家住了下来，这一住，便是八年。相比父亲的住处，钱家显得更加拥挤不堪。婆婆、妯娌和小姑们都是传统的旧式女子，她们不知道，相夫教子的平凡生活之外，还可以有诗词歌赋，注定和杨绛并无太多共同语言。杨绛也不好在家里的女眷们面前公然读书，闷热的夏天里，她只好借来了缝纫机，汗流浃背地在蒸笼般的亭子间为丈夫和女儿做衣服，做全家的体力活，用永不抱怨的修养赢得了大家庭的尊重。

但是他们一家总算就此团圆，也能将清苦的日子过得甘之如饴。满含童心的钱锺书成了女儿圆圆的大朋友，不满五岁的圆圆因此从一个乖巧的孩子变得又淘气又调皮。她也有为爸爸骄傲的时候。那是一个炎热的夏天，有人送来了一担西瓜，杨绛以为不是送给他们的，连忙让人帮忙搬上了三楼。过了一会儿之后，钱锺书的学生打来电话，问西瓜送到没有。堂弟们又把西瓜搬下来。沦陷的孤岛中，对于清贫的家庭来说，吃水果已成为一种难得的奢侈，在大家庭中长大的圆圆尽管受到百般呵护，但是从来没有见过这么多的西瓜，她看着爸爸把西瓜分送出去，自己还留下许多，佩服得不得了。

留在沦陷区的知识分子们，虽然处于日寇的淫威之下，但是有良知的知识分子保持了民族气节，宁愿清贫，不任伪职，甚至隐姓埋名，专心学术研究。钱锺书和杨绛便属此类，他们虽整日为柴米奔波，心中却始终充满着浓烈的忧患意识，可是他们能做的，只有坚守知识分子的本分，在静默中，将一腔心思诉诸笔端。

家事的繁忙与劳累，加之对自由民主的渴望，杨绛的内心总会生出些许苦闷。摆脱缠身的琐事，她只能从一本本书的捧读中寻找短暂的慰藉。大家庭的嘈杂，居所的狭窄，一定也影响着她内心的平静。读杨绛写在40年代的一些散文，我们不难发现随处可见的压抑和清愁。

她在《流浪儿》中写道："我钻入闭塞的舍间。经常没人打扫收拾，墙角已结上蛛网，满地已蒙上尘埃，窗户在风里拍打，桌上床上什物凌乱。我觉得自己像一团湿泥，封住在此时此地，只有摔不开的自我，过不去的时日。这个逼仄凌乱的家，简直住不得。

"我推门眺望，只见四邻家家户户都忙着把自己的屋宇粉刷、油漆、装潢、扩建呢。一处处门面辉煌，里面回廊复室，一进又一进，引人入胜。我惊奇地远望着，有时也逼近窥看，有时竟挨进门去。大概因为自己只是个'棚户'吧，不免有'酸葡萄'感。一个人不论多么高大，也不过八尺九尺之躯。各自的房舍，料想也大小相应。即使凭弹性能膨胀扩大，出掉了气，原形还是相等。屋里曲折愈多，愈加狭隘；门面愈广，内室就愈浅。况且，屋宇虽然都建筑在结结实实的土地上，不是在水上，不是在流沙上，可是结实的土地也在流动，因为地球在不停地转啊！上午还在太阳的这一边，下午就流到那一边，然后就流入永恒的长夜了。

"好在我也没有'八面光'的屋宇值得留恋。只不过一间破陋的斗室，经不起时光摧残，早晚会门窗倾圮，不蔽风雨。我等着它白天晒进阳光，夜晚渗漏星月的光辉，有什么不好呢！反正我也懒得修葺，回舍吃个半饱，打个盹儿，又悄悄溜到外面去。"

她却分明没有心情过多地装饰这个临时的住所，常悄悄溜出舍外游玩。有时候，她一头钻进浩瀚无际的书籍里，在书中忘记了自己的存在和凡俗琐事。她觉得自己的身心都无处安放，疲倦着，不停地流浪。压抑的生活让她内心郁郁寡欢。可是总要打起精神，面对这暂时的栖居。较之年少时的一些小短文，此时她笔下多了一些惆怅，少了一些欢欣。

家园失守，民不聊生，身处乱世，谁都不知道什么时候能够见到希望的亮光。她尽管勤勉工作，用生活的充实抵御精神的空虚，然而无法逃避来自现实的消磨。她的身寄居在这一方空间，心却在外面流浪。时光流转，在对家的寻觅中，她已成为了一个渐入中年的女子，忙碌的生活留给她悲春伤秋的时间又有几多呢？在这间逼仄的斗室里，她是不是也会想起少女时期的苏州旧宅，那个草木葱茏的庭院以及那美丽的秋千架？是否怀念她在自己一角天空下，在秋千的悠荡中度过的那些朝看天色暮看云的时光？

她在《窗帘》一文中，在一些充满文艺气息的句子里，她也抒发自己对生活的体会："所以赤裸裸的真实总需要些掩饰。白昼的阳光，无情地照彻了人间万物，不能留下些幽暗让人迷惑，让人梦想，让人希望。如果没有轻云薄雾把日光筛漏出五色彩霞来，天空该多么单调枯燥……人家挂着窗帘呢，别去窥望。宁可自己也挂上一个，华丽的也好，朴素的也好，如果你不屑挂，或懒得挂，不妨就敞个赤裸裸的窗口。不过，你总得尊重别人家的窗帘。"这是一篇意蕴淡雅的美文，看似清浅的文字内含生活哲理，有的人把天真朴素做了窗帘的质料，用素色做了窗帘的颜色，一个洁白素净的帘子，堆叠着透明的软纱，在风里飘曳。这种朴素，只怕比五颜六色的招摇更有美感。

我想，杨绛大概想表达的或许是一种包容，一种尊重，一种欣赏的态度，在这个喧闹的世界，人人都需要一个窗帘，将自己装饰和保护起来。因为有了这层轻纱薄幔的窗帘，才更有意境韵味。节制如她，不会敞着赤裸裸的窗口任人观望，不留一点做梦和想象的空间；洒脱如她，更不会挂一块华丽的窗帘，用过于耀眼的光芒和色彩博取别人带着好奇的窥视。她只喜欢用一方淡雅素洁的窗帘，和人群保持恰到好处的距离，过自己冷暖适宜的生活。

她的理想从来都那么朴素，无关风月，无关物质。可是日益艰辛的生活总需要她调动各种智慧去应对。上海沦陷后，抗战胜利之前，那是黎明之前的黑暗，上海人物质生活陷入了前所未有的困苦。柴和米成为他们家的大事。杨绛后来撰文回忆说："日本人分给市民吃的免费是黑的，筛去杂质，还是麸皮居半，分配的米，只是粞，中间还杂有白的、黄的、黑的沙子。黑沙子还容易挑出来，黄白沙子，杂在粞里，只好用镊子挑拣。听到沿街有卖米的，不论多贵，也得赶紧买……但大米不能生吃，而煤厂总推没货。好容易有煤球了，要求送300

斤，只肯送 200 斤。我们的竹篾子煤筐里也只能盛 200
斤。有时煤球里掺和的泥太多，烧不着；有时煤球里掺
和的煤灰多，太松，一着就过。如有卖木柴的，卖钢炭
的，都不能错过。有一次煤厂送了 300 斤煤末子，我视
为至宝。煤末子是纯煤，比煤球占地少，掺上煤灰，可
以自制相当四五百斤煤球的煤饼子，煤炉得搪得腰身细
细的，省煤。烧木柴得自制'行灶'，还得把粗大的木
柴劈细，敲断。烧炭另有炭炉。煤油和煤油炉也是必备
的东西。各种燃料对付着使用……"她还学会了攥煤球，
为一家人买菜做饭，她也学会了裁剪缝纫，能用缝纫机
为自己做旗袍，为丈夫和女儿做衣服，并且能用零碎的
时间见缝插针地做很多家务。她说，我在小学代课、写
剧本，都是为了柴和米。为此她自称"灶下婢"。

　　他们整日所费心更多的，不过是一块煤、一捆柴的
来历。大多数面对的日子和"一卷书、一盏茶"的诗意生
活相去甚远，可是，子非鱼，安知鱼之乐？她能以书怡
情，也能在这人间烟火里乐此不疲。她提笔写诗，搁笔
做饭，她把生活读成诗，读成散文，这样的女子，洞察
世事百态，尝遍人生百味，用温润如玉的情怀将生活酿
成一杯美酒，让置身其中的人闻之即醉。有人说那是灵

魂的香气。

有人说，女孩子上那么久的学，读那么多的书，不还是要回到一座平凡的城中，打一份平凡的工，嫁做人妇，洗衣煮饭，相夫教子，何苦折腾呢？大部分的女人婚后都要跌入烦琐，洗净铅华。每个家庭都是一座普通的城，但是围城里的风景却各不相同。其实，如何抵御生活的消磨，恐怕也是一种难得的智慧。杨绛的一生，和多少普通女子一样，从来都是以家为中心坐标，她让我们知道，女人可以让家这片狭小的天地，无限地放大格局。她可以在陋室里，用一支笔为自己写出一片光明的道路，也可以照顾因病休学在家的女儿，一门不落地辅导她的功课，还可以在日本人前来搜查时，用女人的机警心细藏起丈夫的创作。

在那个新旧交替的年代里，人和人之间思想观念的碰撞与冲突无处不在。杨绛是一个从小成长于开明家庭又有留学经历的新式女子，而钱家却是个略显保守的大家庭。在诸多大事琐事中亦无法达成观点一致，但是杨绛总能够将这些大事小事巧妙化解，能够付出宽容，也能获得理解。这不能不让我们觉得她是一个聪慧灵秀的女子。

杨绛和钱锺书的琴瑟和鸣甚至改变了传统保守的钱氏家族长辈的婚姻观。他们说，家中父母之命媒妁之言缔结婚姻的小夫妻都会吵架，唯独钱锺书和杨绛不吵，可见婚姻自由的夫妻感情基础更好。据说钱家人对杨绛评价甚高，钱锺书的一个婶婶曾评价她说："上得厅堂，下得厨房；入水能游，出水能跳。"当钱父不无担心地问钱母将来想和谁一起生活的时候，老人毫不犹豫地说，和季康一起。杨绛一生为人低调，可是她并不掩饰对此事的骄傲。

　　尽管，趟过岁月的河流，回过头再看自己漫长的一生，懂得一个人一生全部的努力，不过是为了完成这普通的生活。但是当青春散场，当我们需要用回忆点缀每天重复的日子时，总需要有一些难以忘怀的感动。当成败名利已成往事，唯有人与人之间温暖的情感永驻心间。

剧作倾城

"我们沦陷上海期间，饱经忧患，也见到世态炎凉。我们夫妇常把日常的感受，当作美酒般浅斟低酌，细细品尝。这种滋味值得品尝，因为忧患孕育智慧。"这是杨绛后来对沦陷上海那八年时光的总结。他们夫妻二人都认为，一家人同甘共苦远胜于失散别离。其实，这时候的杨绛仍然是幸运而幸福的，生活虽然清贫，但是有爱人相伴，有亲人在身边，家中还常有雅客来往小聚，生活还算安然闲适。

再后来，经她编剧的喜剧在上海文艺界一炮打响后，经济上的状况有所好转之外，更是在精神上多了一些成功的喜悦。尽管她走上剧本创作之路是那么偶然，创作生涯也非常短暂，而果实也是寥寥无几。但是这看似昙花一现的辉煌，却为日后文艺创作界留下了许多值得借鉴的宝贵经验，也让"杨绛"这个美丽的名字成为中国戏剧创作的一个独特符号。

那时，戏剧家石华父，李健吾都是钱、杨夫妇的座上客。有一次，石华父改编的剧作上演，邀请钱锺书、杨绛夫妇一起庆祝。也许他们就是从谈笑中以伯乐的眼光发现了杨绛的创作天赋。在饭桌上，两位戏剧家积极鼓励杨绛创作话剧剧本。

写剧本可以赚取稿费，改善生活，为了让一家人的生活能更好一点，杨绛便利用业余时间去试着写了。她写的是故事，也是一衣一食、一柴一米，是令人捧腹的大团圆喜剧，也是让人心安的生活保障。杨绛热忱的投入，居然有了令她得意的回报。

她的剧本《称心如意》创作完成后，便送给石华父审阅，后经李健吾之手转到黄佐临手中。不久，著名导演黄佐临看中了这个剧本，亲自着手排演，李健吾也亲自登场扮演戏中重要角色。经过一段时间的紧张排练，杨绛的第一部话剧《称心如意》于 1943 年春天，正式公演了。

《称心如意》是杨绛的第一部喜剧。剧中描写了李君玉在失去了父母后、来到上海投奔亲戚的遭遇。在 20 世纪 30 年代的旧上海，富家五小姐的女儿李君玉因为父母去世而来到上海投奔亲戚，结果却遭到了各位舅舅和舅妈的排挤，没有人愿意收留她。机缘巧合之下，李君玉得到了朗斋舅舅的喜爱，朗斋舅舅愿意收留君玉并认作孙女。与君玉一同前往上海的彬如的祖父原来也是朗斋舅舅的旧交，最后彬如和君玉成婚，各位舅舅和姨妈继承朗斋舅舅遗产的念头落空。

如同一个隐喻，《称心如意》也让杨绛看到了让生活变好的另外一种可能。那时，能解决柴米油盐的事，便是一个知识分子对于生活的胜利。在戏正式上演之前，她在匆促中给自己取了一个印刷宣传品的笔名，将"季康"二字连音成"绛"字，取名为杨绛。从此，这个匆匆取就的名字被文艺界叫响，并跨越了一个世纪，成了多少人心中最温暖、最敬仰的称呼，她用自己丰富的一生赋予了这个美丽的名字更多的内涵。

"绛"字释义赤色、火红。在中国汉字里，她只用来形容一种热烈的颜色。这个古色古香的汉字，在中国浩如烟海的文学作品中，被提及的极为有限。在《淮南子·地形》中有"绛树在其南"，也有词牌名《点绛唇》。这是一个能让人浮想联翩的汉字，让你觉得它和一切美好的、纯洁的、热情的事物有关，很少有人将这个清丽脱俗的汉字用在名字里。可是当它真的被人用在名字里后，你又觉得那么恰到好处。

作为一个炙手可热的编剧，杨绛很快就成为当时上海戏剧界的热门人物。据说，《称心如意》上演后，引起巨大轰动。主角李君玉由著名女演员林彬饰演，演出盛况空前。这出四幕戏剧不仅卖座，其艺术价值也得到了当时著名艺术家们的交口称赞。

她之前深藏不露的剧本创作才华从此喷薄欲出，又于次年一发不可收地写了《弄假成真》。这出戏上演后获得了更大的反响。犹如清风吹皱一湖春水，长久地压迫于政治下的文艺以喜剧的形式死灰复燃，沦陷区的各大报刊上都在宣传和评论这部作品。她的朋友们给她寄来剪报，鼓励她继续创作这类喜剧。甚至剧团的演员也以演出她的喜剧为荣，联名写信给她表示谢意。杨绛当时在上海文艺界的地位，绝对可以称得上是举足轻重。

可她本并非专业剧作家，她的戏剧创作出于偶然，首演大获成功也多少有些意外。当年她从东吴大学获得"金钥匙"奖毕业，又考上了清华研究院外文系。几个当年在东吴大学成绩没她好的同学都被公费派送出国，她常常不服气地想，假如我上清华外文系本科，假如选修了戏剧，说不定自己也能写出一个小剧本来。也许那时候的她没想到，几年后，没有专门去学戏剧的她居然也能写出家喻户晓的剧本。

也许，在许多人的心目中，上海始终是一座纸醉金迷的城市，而上海的三四十年代更是一个有故事的时代，当时活跃在上海文坛的女作家是张爱玲。她用遗世独立的笔调写了许多悲凉的故事，以至于让我们以为，旗袍、弄堂、舞会、留声机才是上海的代言，然而沉溺于华丽文字下的上海却另有一番真面目。在杨绛剧作火热上演之时，处于完全沦陷时期的上海到处充满着压抑的气息。有些老作家不得不隐姓埋名、迁居市井，当时中国的话剧喜剧，几乎都是改变自外国作品，很少有原创作品。犹如是给戏剧界平静的死水里投入了一块石头，杨绛的剧作得到了文艺界的认可。

杨绛果真是一个务实的女子，她没有将自己的笔触局限于小儿女的爱恨情仇里，也没有让文字流于表面的华丽，而是用自己一贯的幽默不动声色地道尽都市男女的生活百态，那里没有高超的理想，只有平凡的现实。她自己，也以一个看客的身份谈笑评论。

关于杨绛的喜剧创作，著名戏剧家兼评论家李健吾曾说：假如中国有喜剧，真正的风俗喜剧，从现代中国生活提炼出来的地道喜剧，我不想夸张地说，但是我坚持地说，在现代中国文学里面，《弄假成真》将是第二座里程碑。李健吾认为，第一座里程碑属丁西林，第二个属杨绛。甚至后来连夏衍看了杨绛的剧作，顿觉耳目一新，说："你们都捧钱锺书，我却要捧杨绛！"

《弄假成真》的剧情更是有着强烈的现实意义，青年周大璋与早年守寡的母亲寄住在舅父开的杂货铺楼上，这个穷困不堪的年轻人却仪表非凡。他的女朋友张燕华也是一个家境清贫的女孩，寄住在她伯父、地产商张祥莆家中，周大璋因此结识了地产商的阔小姐张婉如，立刻移情别恋，在两个姑娘之间玩弄感情。最终，张燕华巧费心机，用闪电式的巧妙手腕赚得周大璋旅行结婚。周大璋的母亲不见了儿子，却误以为地产商要让儿子入赘，于是，她登门拜访，向亲家要人却出尽了洋相，她儿子天花乱坠的谎言也被彻底拆穿。

这出喜剧演出盛况空前，她的这出喜剧被人们演了又演，在中国百年戏剧史上散发着永恒的魅力，具有旺盛的生命力。杨绛的父亲和姐妹一同去看了《弄真成假》，听到全场哄笑，问杨绛："全是你编的？"她点头，父亲笑说："憨哉！"那时，已辞去律师工作的杨荫杭在上海震旦女子文理学院教授《诗经》。那个曾经让女儿按照自己的兴趣选择专业的父亲，一定也为女儿的成就备感骄傲吧。

都说世事洞明皆学问，人情练达即文章。也许正是因为有一个做大律师的父亲，幼时她就经常听父亲在家中讲各种案例，在耳濡目染下，她积累了世间百态的最初体会，成年后的辗转历练又开阔了她的精神视野。也许还是李白那句"天生我材必有用"说得对，她的高远旷达、天生幽默用来调和生活的五味显然足有盈余，用在创作上才能人尽其才。随后她又写了《游戏人间》和《风絮》。

戏如人生，人生如戏。或许她早早地就知道，世态人情，比清风明月更饶有滋味，可做书读，可当戏看，也可化作身上衣裳口中食粮，在困顿中果腹御寒。她一腔热忱地坐拥生活，于高处冷眼纵观苍生，笔墨之下，亦庄亦谐。这样的杨绛，是帮助大律师父亲整理案牍的名门淑女，是走过大山大川依然能够回归小生活的大家闺秀，是大家庭中左右逢源的长媳……她用恬淡的笑容接受着来自四面八方的赞誉，始终心静如水。

其实，写作是一件辛苦的事。长期写作的人轻则因长期伏案损伤颈椎，重则因用脑过度患上精神方面的疾病。并不曾想到，基于相同的创作初衷，杨绛却能够在繁忙的工作和琐碎家务的间隙里，轻松地写出了一幕幕观众喜闻乐见的喜剧。也许我们不能否认这其中她的辛苦和勤奋，但是如若没有足够的天赋与才情，如何能够在不同的劳作之间驾驭自如呢？

晚年的杨绛，似乎正如她自己所期望的那样，成为一个掩盖在丈夫盛名之下的女子，其实，那时她一定是上海文艺青年眼中的偶像，据说当时有人介绍钱锺书时，常常会冠以"杨绛的先生"之称。直到多年以后，人们提到钱锺书时仍然会说起杨绛。

我看过一张她在1943年时拍摄的照片，30出头的杨绛一改清水芙蓉的形象，她在照片里的发型也由一贯的短直发变成婉约的"爱司头"。那应该是当时上海最流行的发型。头发光滑地从两边分开，在脑后盘成整齐的发髻。露出光洁的额头。她的眉梢依然高高地挑起，眼睛不大但灼灼有光，她穿一件黑白相间的细格纹旗袍，在照片里抿嘴含笑。光从她的身后打来，让人和背景能够明显地分离开来，这应该是那个年代最先进的摄影技术了。那是我最喜欢的照片之一，就像一朵初夏的花，舒展地张开了最后一瓣花骨朵，仿佛有一个夏天的时间等着她绚烂地盛开一样，她的笑容尽管含蓄，但是带着功成名就的矜持，她对自己无疑是非常满意的。她之前是一种美丽而不自知的淳朴美，仿佛到了这个年龄，她突然才发现自己是美丽的，因此，在这种漂亮精致中又带着点优雅和睿智，以及淡淡的温婉和沉淀下来的宁静，看上去是那么令人舒服。

　　张爱玲曾在她的作品集《传奇》再版时说，出名要趁早。其实，当年20几岁的张爱玲说出这句青春激扬之语时，30岁出头的杨绛已完成四部话剧的创作。她没有在名利的包围中陶醉自满，也没有急功近利地博取更多关注。而是默默地承担下更多的家务，辞掉家中的保姆，节约每一分开支，继续做起了她的"灶下婢"。

　　《弄假成真》的公映在上海引起轰动，一天夜晚，钱锺书和杨绛夫妻俩一起看这出话剧，见到了戏园里观众对于杨绛的热烈追捧。从戏院回家的路上，钱锺书心中感慨万千，一向在文学方面极度自信的钱锺书跃跃欲试，他对妻子说，他决定要写一部长篇小说。杨绛非常高兴，立刻赞成。她说，我们的生活很节约，而且还可以更节约，怕他没有时间，她建议他减少授课时间，她始终认为他的才华远在她之上，因此甘愿在自己创作崭露头角的时刻停下脚步，目送他前行。

就这样，在杨绛的支持下，钱锺书的《围城》动笔了。我想，如果没有杨绛，可能也就不会有那部让钱锺书享誉中外的《围城》了。他以每天 500 字的速度完成这部小说。为了节省费用，原来的女佣辞工后她就不再寻找女佣，自己劈柴生活洗衣煮饭，她经常被煤烟染成花脸，不是熏得满眼是泪，就是给滚油烫出水泡来，或切破手指……就这样一边做着"灶下婢"，一边等待他似蜗牛般的创作先给她看。换作普通的女子，也许这样的生活一定有些狼狈，可是杨绛很是乐在其中："他急切地瞧我怎样反应。我笑，他也笑；我大笑，他也大笑。有时我放下稿子，和他相对大笑。因为笑的不仅是书上的事，还有书外的事……"杨绛后来撰文详细地记述了钱锺书写《围城》的始末，详细解答了读者的种种疑惑，读到这里，总是让人不觉莞尔，他们之间有太多你知我知的心照不宣，万千情愫便在会心一笑中传达。因为懂得，所以慈悲，他们于千万人中只看了一眼便钟情于彼此，又在一起饱经忧患困厄，在与这世界的是非摩擦中毫无怨怼，只用自己的方式笑闹调侃，一笑而过。

她的最后一部剧作《风絮》写于 1945 年，当时因为时局未能上映。剧作的上演将杨绛的人生推向一个小高潮，她便在命运的顺水推舟中就此为自己的剧作家职业生涯画上了一个句号。这是一个完美的句号，聪慧如杨绛，不会不知道月满则亏、水满则溢的道理，绚烂之极必将归于平淡，山到巅峰必然走向下坡。再精彩的戏剧都有落幕的一刻，一个人，既要在繁华盛世里赢得鼓掌喝彩，也要在人走茶凉的失去中品味孤独，功名利禄皆为浮云，既然终究散去，又何必在乎一时的得失。

就像居里夫人将奖章扔给女儿当玩具那样，淡泊名利的杨绛也懂得，荣誉不过是那开过便凋零的花。她在文艺创作的名利场上走了一圈，领略了一番其中的大好风光，便抽身而退，毫不眷恋。尽管也曾汲汲于成名成家，但是她懂得，荣誉和褒奖都像玩具一样，只能欣赏把玩而已，绝不能永远守着它，否则就将一事无成。她的情怀，始终不在一朝一夕的追名逐利中。更何况，她认为此生最有意义的事情，便是站在丈夫的背后，对他的理想一路守望相助。

抗战胜利前夕，对杨绛一生影响至深的父亲杨荫杭于 1945 年 3 月底在苏州由于中风去世，人到中年的杨绛，再一次体会到了亲人离去的刻骨铭心的痛。满心悲伤的杨绛和钱锺书带着弟妹从上海赶回苏州奔丧。那是杨绛最后一次回到苏州旧宅。昔日朱栏阔廊的"安徐堂"早已风光不再，居舍凌乱、花木枯萎，望眼处皆是人走茶凉的破败。孝顺的杨绛像少女时那样，到厨房泡了一碗碗酽酽的浓茶放在父亲的遗像前，任由眼泪滂沱，不能自持。

苏州承载了杨绛太多的记忆，这里是她度过无忧少年的幸福之地，也是失去至亲的伤心之地，我想，尽管她一生辗转多地，每一处她都曾试图亲手建一个属于自己的家。尽管随着求学和生活轨迹的更迭，她从这里来了又走，走了又来，但苏州始终是她心中永远的故乡。如果说之前她和苏州的每一次告别都是暂别，这一次，却是真正的含泪永别了。

物是人非事事休，欲语泪先流。每每读到李清照这句悲从中来的诗句时，顿感凄凉无奈。尽管理性如杨绛从来不会让自己长久地沉湎于伤感，然而当她在珠宝店的橱窗里看到他父亲的物件时，依然悲不能自制。有些伤痛，最后都可以成为笑谈，而有些伤痛却是永远的伤痛。

那时的杨绛，尽管已是上海滩声名远播的剧作家，人已步入了中年，懂得了生命的本质，原是迎来送往，接纳周围的事与物，送别离去的是与非。人生的大半旅途，原本孤寂沧桑，谁都逃不过生老病死的自然规律。她只愧疚，父母双亲离去时，她没有尽孝床前。人生在世，谁都会有诸多遗憾，许多事情并不由我们选择，相逢如是，离别亦如是。也许，学会接受，学会遗忘，乃是人生必修课。毕竟，放下生命里的那些无法承受之重，生活需要轻装上阵。

在上海沦陷的八年，杨绛在生活的这座大熔炉里经受着严格的历练。不仅仅是一边做家务一边为生计奔波的劳神费力，更让她应接不暇的是家人接二连三地生病。她在《我们仨》一书中曾说，贫与病总是相连的。钱锺书在这段时期，每年生一场病。女儿圆圆上学一个月，就休学几个月。小学共六年，她从未上足一个学期的课。所有的学业，都是她一手辅导。圆圆于 1947 年冬天查出骨结核。当时的医疗条件还无法得到很好的治疗，只好休学在家服补品疗养。整整十个月卧床休息。不难想象，孩子生病，当母亲的需不离左右地照顾，端汤送水，无微不至。在她的悉心照顾下，圆圆的病不负众望地好了起来。

"圆圆病愈，胖了一大圈。我睡里梦里都压在心上的一块大石头，终于落地。"她云淡风轻地将这段往事一带而过，唯有这一句话，让人们看出了一个母亲的担心和焦虑。那时候她还年轻，如果说之前经历的种种困厄和艰辛她都能微笑面对，而这一次面对最爱的女儿遭受病痛，她在日复一日的守护中也一定有些心力交瘁了。

就像一个人在坚持一场筋疲力尽的长跑一样，在未到终点之前，时刻准备着攒足精神进行冲刺，可是突然宣布比赛结束，力气仿佛在一瞬间于体内抽离，也许是紧绷的神经突然松懈下来，身体就陷入筋疲力尽之中。也许是太过劳累，她居然也病倒了，连续半年多低烧不断，缠缠绵绵地怎么也好不起来。

她一向是家中的主心骨，从来都是她在照顾着丈夫和孩子，她的抱恙让丈夫寝食难安，却是怎么也查不出病因。生活仿佛就是从一个困境到另一个困境，身处困境，不免焦虑失望，忐忑不安。其实，跌宕起伏本是生活常态，或许前面不远的地方就会峰回路转，而往往只一个转身，生活便豁然开朗，他们就在这样的焦虑中等来了新中国的成立。

清华任教

　　杨绛曾在她的喜剧上演叫座后发表了一段言辞文艺、观点知性的感想："如果说，沦陷在上海日寇铁蹄下的老百姓，不妥协、不屈服就算反抗，不愁苦、不丧气就算顽强，那么这两个喜剧里的几声笑，也算表示我们在漫漫长夜的黑暗里始终没有丧失信心，在艰苦的生活里始终保持着乐观的精神。"这段话是她作为一个去政治化的文艺工作者的肺腑之言，也是她精神态度的真实写照。

　　其实，钱锺书、杨绛夫妇有机会选择离开祖国，去寻找一种更为平静安逸的生活。曾任参加联合国教育文

化会议首席代表、出席联合国教科文会议第一届大会代
表团团长的朱家骅非常赏识钱锺书，许给他联合国教科
文组织的职位，时任教育部长的杭立武邀请钱锺书去台
湾大学、杨绛去台湾师范大学任教授，牛津大学也曾在
他们去清华前夕来信希望他们赴英。钱锺书在生活方面
虽然有如孩童，但是在个人去留的问题上却意志坚决，
有人说那是大智若愚。从 1938 年回到遍地烽烟的祖国
时，他们的选择就从没有改变。他们要坚守着脚下的这
片土地，等待新中国的曙光。十年消磨，没有磨掉生活
的意志，也没有磨掉他们对祖国的情感。

树高千尺，叶落归根，有些选择，不问缘由。就像
杨绛曾说的，我们从来不唱爱国调。非但不唱，还不爱
听。但我们不愿逃跑，只是不愿离开父母之邦，撇不开
自家人。我国是国耻深重的弱国，跑出去仰人鼻息，做
二等公民，我们不愿意。我们是文化人，爱祖国的文化，
爱祖国的文学，爱祖国的语言。一句话，我们是倔强的
中国老百姓，不愿做外国人。我们并不敢为自己乐观，
可是我们安静地留在上海，等待解放。

1949 年 10 月 1 日，毛泽东在天安门城楼上宣布中
华人民共和国成立，那是举国欢腾的日子。为了这一天，

人们等待了多少日子。知识分子们也看到了新的曙光。钱锺书、杨绛夫妇也在这之前接到了清华的聘书回校任教。这对于卧薪尝胆的他们来说，不啻是拨云见日的希望。那时杨绛已是上海震旦女子文理学院外文系教授。她辞去职务，听从着清华的召唤，跟随钱锺书前往北京。

1949 年 8 月 24 日，他们带着女儿登上了上海开往北京的列车。北京，是她再熟悉不过的地方，她出生在北京，又在这里度过了三年多最好的求学时光，走过这里的每一处名胜，还曾在这片土地上培育了一段纯美的感情，她知道，这次，她是永远的回归。也许是一种叶落归根的宿命，从此，她再也没有离开这片土地。

清华再次以热情的怀抱接纳了他们。熟悉的地方，再次回归。阔别数十载，这里的一草一木、一房一舍，都能勾起他们浓浓的回忆。总觉得，清华一直是杨绛心中的一个美好情结，以至于让她跨越万千山水走来以圆自己的求学梦，又奔赴了一场注定永恒的邂逅，而她的爱人，也曾以骄人成绩被清华破格录取又被公费送出国门，他们在这里实现过多少年少时的梦啊！如果说梦想让她深深眷恋，那么大概钱锺书的教师生涯和清华一次次的擦肩而过的错失给她的清华情结更增添了几分向往。

或许真的是阔别多年的清华校园给了她自由呼吸的空气，抑或是她的情感总算找到了归宿，让她在这里重拾自由与欢畅。到清华一年后，她缠绵已久的低烧居然奇迹般地消除了。她的一生，注定和清华有着剪不断的情缘，这个曾滋养了她的青春和爱情的地方，又让她焕发了新的活力。

钱锺书主要负责外文系研究生教学，杨绛教英国文学。就像一只搁浅已久的船，走出了事业的浅滩，她这个优秀的舵手，终于有了一方属于自己的水域，为此，杨绛满怀欣喜。她在牛津图书馆读过的那些书籍，已在她的记忆中搁置多年，那些浪漫的西方古典文学，和她当小学教师的工作，和她为全家人衣食奔波的辛苦，并没有产生过多少交集。可是此刻，狄更斯、莎士比亚、夏洛蒂·勃朗特……一个个名字又在她的生活中复活。人生何处不相逢？和他们的相逢让杨绛找到了最初的自己。她终究没有辜负自己的人生，做到了兴趣与事业的一致，爱情与婚姻的一致。

对于一个学识渊博、经历丰富的成熟女性来说，已近不惑之年的杨绛正是进入了人生最鼎盛的季节。她在这个生命怒放的年龄里也留下了一张美丽脱俗的工作照。那张照片中的女子姿容秀丽、风度优雅，悠然散发着生命如日中天女子的自信。她和身后的书架背景似乎有着天然的黏合力，倘若没有后来的种种风波，我想她该会一直恬然自若地坐在这三尺讲台前，做那个最受学生喜爱的文学系教授。

执教清华的两年时光，杨绛颇为自得其乐。她说，那时候按照清华规定，夫妻不能在同校一起当专职教授，兼任教授的她是按授课钟点计算工资，她自称"散工"，后来清华废了旧规，系主任请杨绛当专任教授，她却只愿做"散工"。在她看来，兼职教师虽然工资低，但是也有它的好处，那就是可以借机逃避各种名目的会议，她不想将时间消耗在各种会议中，为了时间的相对自由，她宁可拿着微薄的工资。因此，在清华，杨绛一直是一个散工。但是也因此拥有了更多的自由空间让她做自己想做的事。在这期间，杨绛翻译出版了西方首部流浪汉小说《小癞子》。《小癞子》以幽默的笔法描写了社会各阶层人物形象，讽刺了贵族的傲慢和空虚和僧侣的欺骗和伪善，揭露了当时西班牙社会的腐朽。这部作品是杨绛流浪汉小说翻译的一个开端。

家人安康，事业顺遂，40岁左右的杨绛正是精力最充沛的年龄，她愿意用那些自己乐于做的最有意义的事情填满生活，也愿意以更明媚的心态悦纳自己。她穿上海旗袍，打一把小阳伞，行走在清华校园中，成了一道不可不看的风景。在当时社会环境的影响下，那时列宁装是最流行的着装，不少女同志纷纷追赶潮流。在清一色的列宁装里，杨绛做工精良的上海旗袍无疑有些小资情调。

一直固执地觉得，在所有的中国服装里，民国的旗袍是永不落伍的时尚，看过杨绛在很多年轻时的照片里都穿旗袍，尽管都是花色朴素的旗袍，可是那些照片无一例外地散发着优雅的味道。50年代初的杨绛，就是那样穿着她婉约的长旗袍，搭一件白色或米色的披风，在花木郁葱的清华园中穿过，带着恬淡沉静的笑容走向她热爱的三尺讲台。

我想她一定是一个有所坚持的人，即使对于美的认知，也从不以潮流为转移。就像她在《洗澡》中写的姚宓那样，灰布制服里穿着五彩织锦的缎袄，不经意间流露着与众不同。只是那时刚从上海的十里洋场走出来的杨绛，没有经历过革命风暴的洗礼，还不懂得如何为自己披上一件"隐身衣"。

她和姚宓一样，同有一个华贵锦绣的少女时代，尽管大家闺秀出身的女子，无论在现实的环境中将自己外表装扮得多么朴素，却终究掩饰不住质地精致的内里。从杨绛对笔下主人公姚宓的欣赏和珍爱中看得出，她的骨子里，永远都藏着江南女子的那份雅致，那是多么粗粝的生活都磨灭不掉的审美情怀。

钱瑗长大后，也曾问过，爸爸为什么喜欢妈妈。钱锺书说，"你妈妈是个特别的人！"这是一个耐人寻味的回答，这个回答让人看得到他对她的欣赏。相比那些优点的罗列，"特别"更能表达他的情感，是因为在他眼里她是独一无二、无可替代的。就像她那些并不华丽，却独有味道的旗袍一样。

回到清华，杨绛和钱锺书夫妇他们回到了朝思暮想的家国故园。他们本以为在这里可以安下心来做教学工作，将积累多年的渊博学识用在对学子的教导培养中，做一个勤劳的传道授业解惑者，培育桃李。然而，他们只经过了零星而短暂的好时光，等待着他们的，却并不是生活的欢欣与笑脸，并不是安居乐业的平静。清华园的气氛在不知不觉地发生着改变，日益增多的大会小会，使得这个曾经安静美好的校园人心浮躁，学术风气日渐低落。

人要如何处理与这个世界的关系，是历来多少哲人研究的命题，也是每个人都要终身面对的问题。杨绛，早在归国的海轮上就感悟到，要想在大海的风浪中不晕船，不能以自己为中心，而以船为中心，顺着船在波涛汹涌间的摆动起伏，让自己的身躯与船稳定成 90 度直角，就能永远在水面之上，平平正正，而不波动。或许这世界的道理总是相通的，又或许是她悟性非凡，总之这种在波浪中牢牢把握"地平线"的办法，也让她受益一生。她真的挺直腰身，闯过了一道又一道的命运风浪。她用自己的为人之道迎合环境，以期适应。当然这个"适应"是积极的，不是"与世沉浮"。人这一辈子，期望的与现实常常会发生冲突，我们所期望的，未必能够实现，我们能获得的，却未必是所期望的。这就是生活，如何与这个世界和平相处，也许杨绛为我们提供了一个典范。

只是，不知道她的旗袍在什么时候悄然换成了有些臃肿的深色棉服，在一张和好友合影于 50 年代的照片里，她虽身着黑衣黑裤，但五官依然秀丽。你甚至想象不出来，这样一个寻常的温婉女子，在内心里翻滚了那么多的惊涛骇浪后，依然能够在文章中自嘲嬉笑，始知一个人的强大，其实是内心的强大。

印度诗人泰戈尔说，我们看错了世界，却说世界欺骗了我们。这个世界从不曾为谁改变，我们唯一能做的便是清醒面对。人生在世，祸福难测，所以注定是一场悲喜交加的演出，沧桑也好，轻盈也罢，都需要独自承受和担当，在道阻且长的生命之旅中，尽管陪你欢笑的人永远多过同你痛哭的，但是唯其如此，才需磨炼。

关于人生的淬炼和修养，杨绛后来曾写过许多卓有见地的文字。只是我们知道，尽管和常人相比，阅历丰厚、敏学修身的杨绛早已慧心独具，但她一生的修炼，是在人过中年时才真正开始。

虚怀若谷

在社会的约定俗成中，只有那些拥有一定学识、地位的女子才有资格被称为先生。没有几个瘦弱的肩膀堪担"先生"二字，杨绛被人尊称为先生，如今仍然能够被人称为"先生"，这样的女性不多，可见其德高望重。

著名翻译家柳鸣九曾是杨绛在社科院的同事，他曾在一篇文章里饱含敬仰地回忆了和杨绛相处的一些往事。"初见时，季康先生年过半百，精瘦娇小，举止文静轻柔，但整个人极有精神，特别是两道遒劲高挑而又急骤下折的弯眉，显示出一种坚毅刚强的性格。和其夫君锺书先生的不拘小节、有时穿着背心短裤就见客不同，她的衣着从来都整齐利索，即使在家不意碰见来访者敲门的时候。"柳鸣九写，杨绛冬天常常身披一件裘皮大衣，很是高雅气派，她化妆，但是化似有似无的淡妆，几乎不见痕迹。在公共场合，她一般都是低姿态的，连开会也很少发言。在他见到的大家名流中，钱、杨二位先生要算是最为平实、最为谦逊的两位。

　　和杨绛相处久了，柳鸣九发现，就是这样一个有时会穿得雍容华贵的女学者，神态却平和得像邻里阿姨，而不像某些女才们那样，相识见面言必谈学术文化，似乎不那样就显不出自己的身份与高雅。认识久了，她对晚辈后生则有愈来愈多的亲切关怀，的的确确像一个慈祥的阿姨。"那个时期，我与妻子朱虹两人的工资加起来只有一百三四十元，承担着抚养两个孩子与赡养双方父母的责任，由于业务断了路，没有半点稿费收入，生活的确相当清苦。先生雪中送炭，我们只好恭敬不如从命。没有想到，到了第二个月，又有一个小纸包。然后，第三个月，第四个月……后来我还获知，研究所里每月不落地从先生那里得到接济的竟有十多个人，基本上都是处境倒霉、生活拮据的青年人、'小人物'。也就是说，两位先生每月的工资，大部分都用于接济施舍了，且持续了好几年。"

可是，杨绛在她的文字里，浓墨重彩地写过爱女的成长趣事，语言铺张地记录过钱锺书的一件衬衫、一封信件，甚至长篇大幅地写过家中的佣人、保姆，但对这样的事只字不提，如果不是受恩人心怀感激，便要一直尘封。

据当时和杨绛共事过的人回忆，尽管当时人心浮躁，甚至有一些人做了异常之举，但杨绛从来不做侮辱他人、落井下石之事。她把尊严看得很重。她不相信几千年宝贵的文化会被毁灭，她不相信人性会彻底泯灭。她在最初的集体狂热中表现出的平静和淡定，让人们知道她不是一个文弱的凡妇。

她在暴风雨面前表现得更像一株翠竹，虚心有节，宁折不弯。当风雨迎面，敢于坦然待之，待风过雨停，更加高洁青碧，就连误解和打击，都不能让她失去坚韧。她用竹的坚韧抵御着生活的重压，用竹的空旷胸怀，包容着风雨的锤炼，用竹的淡定和坚韧扮演着家庭的精神支撑。据说，熟悉钱锺书的人都说他有"誉妻癖"。这样的事也时不时地传到杨绛那里，杨绛忍不住问他有什么值得夸耀的。钱锺书举了三个例子，一是杨绛在写剧本出名后对家务事没有丝毫松懈，回家后还是照样洗衣做饭，照顾生病的家人；二是有一次家里的用人把煤油炉子打翻，火势凶猛，全家人都吓呆了的时候，杨绛急中生智，用尿罐将煤油炉子的火扑灭，避免酿成大祸；三是在日本兵传杨绛问讯那次，钱锺书很为她担心，整晚睡不着觉，可是杨绛却很镇静，睡得很好。想必他在朋友同事们面前赞美自己妻子的时候，内心是有多么自豪。他是一个骄傲的人，一向惯于讽刺，疏于赞美，但是妻子身上那些优点无时无刻不在闪闪发光。

在钱锺书和杨绛的笔下，那些婚姻中的人往往更能发现对方的缺点，比如《围城》中的方鸿渐和孙嘉柔，比如《洗澡》中的余楠和婉莹。可是他们夫妻之间却始终保持着那种让人艳羡的相互吸引。誉妻是一个男人的美德，但并不是每一个男人都能天然拥有这样的美德，大概只会发生在情商智商都很高的才子佳人中。

那一时期，钱锺书担任《毛泽东选集》英译委员会主任委员，为此耗费了大量的心血，而此时的杨绛，为了支持丈夫的工作，再次一个人承担起了生活的担子。平常陪伴杨绛的，只有一只异常聪明的猫，名唤"花花儿"。花花儿比一般的猫要通人性，那时杨绛白天忙工作，晚上还要开会到三更半夜，花花儿总是等在半路迎接主人。杨绛写："花花儿善解人意，我为它的聪明惊喜。"常胡说："这猫儿简直有几分'人气'。"猫的"人气"，当然微弱得似有若无，好比"人为万物之灵"，人的那点灵光，也微弱得只够我们惶惑地照见自己多么愚昧。人的智慧自有打不破的局限，好比猫儿的聪明有它打不破的局限。后来，这只和主人感情深厚的猫在他们搬家后不适应新环境走失，杨绛伤心良久，从此再没养猫。她甚至能从一只猫的身上推及人性的弱点，懂得人自身有打不破的局限，因此，她便格外勤奋。那些年，她一边工作，一边坚持从事业余翻译。

整个 50 年代末 60 年代初，杨绛除写了许多内容凝练、观点出众的论文外，更是在翻译中投入了大部分的精力，《小癞子》《吉尔·布拉斯》以及后来才出版的《堂吉诃德》这些基本囊括了西欧文学中流浪汉小说的全部名著，基本上都是她在那一时期翻译出来的。这既需要有高度的视野和广阔的见识，更需要有高超的翻译技巧和语言修养，在那个学术氛围并不浓厚的环境中，有人疲于应付各种琐事，有人怀着对体制的失落苟且保身，而作为一个"三级研究院"的杨绛却甘于坐冷板凳，争分夺秒地在自己的学术建筑中添砖加瓦。也许正如她所说，人的尊卑，不靠地位，不由出身，只看到你自己的成就。假如是一个萝卜，就力求做个水多肉脆的好萝卜；假如是棵白菜，就力求做一棵瓷瓷实实的包心好白菜。一个人不想高攀就不怕下跌，也不用倾轧排挤，可以保其天真，成其自然，潜心一志完成自己能做的事。

　　那是杨绛翻译的全盛时代，距离她戏剧作品的创作高潮，又过了十几年的时光。如果说写剧本只是为了养家糊口，翻译那些富有浪漫主义色彩的西方文学才是杨绛真正的兴趣所在。徜徉醉心于不同的语言文字中，杨绛一次次释放了她的学者情怀。那是"衣带渐宽终不悔"的信念与追求，是"一片冰心在玉壶"的赤诚与真实。

　　其实，早在学生时期的杨绛，就崭露出了高超的翻译天分。当年钱锺书的老师叶公超请他们两位吃饭，大约是想考考这位博学的学生的未婚妻，饭后叶公超拿出一本英文刊物，让杨绛帮忙翻译，那是一篇政论文章，这对于一个从未做过翻译工作，又对政论毫无兴趣的大学女生，这样的翻译任务无疑是枯燥乏味的，但是聪明的杨绛不想让叶公失望，她用自己多年习得的英文知识，高水平地将文章翻译出来了，而且翻译得很好，叶公超很是意外，不久后，她的这篇译文就在《新月》上发表出来了。那时候的杨绛，还不知道，她会在翻译这条路上走得更远。

对于杨绛"无心插柳"的作品翻译，人们评价认为，杨绛对国外文学翻译事业贡献巨大，影响深远，她在翻译实践中体现出的平和严谨的态度值得后辈学习。美学家兼翻译泰斗朱光潜也曾评价：中国的散文、小说翻译杨绛最好。但是杨绛却谦逊地说，她在翻译的学习中只积累了一些失败的经验。有这样虚怀若谷的胸怀，有对事业完美的不懈追求，有责己以严的拳拳之心，还有成大家者的铮铮风骨，这就是杨绛。

第三卷　相濡以沫　暗香如故

　　卷首：在奔腾不息的历史长河里，一个人的命运总会随着时代动荡翻滚。没有人能够逃得脱命运的捉弄，没有人能够左右环境的变数。只有用不避世俗的姿态隐匿于人群中，用心守护自己偏安的一隅，心灵才会沐浴阳光。如果说婚姻是围城，那么杨绛便是这样一个守城的人，任由城外狂风骤雨，城内永远温馨静谧。

笑对苦难

　　1958 年，杨绛所在的文学研究所社科院外文组一行十多个人一起下乡接受教育。那是杨绛的第一次下乡体验生活。在乡下，农民们都很亲近这个来自城里的知识女性，甚至和她无话不谈。她爱吃大锅煮的白薯，厨师因为她吃饭从不挑剔，又喜欢吃他们做的饭，常常在开饭前挑出最软最甜的白薯，堆在灶台上，让杨绛和女伴们同吃。在城里长大的她看到农民们的生活后，也肯倾听老乡们的心声，同情他们的处境。短短一段时间，她克服了乡下生活的种种困难，便和老乡们打成一片。她能跟着公社的大妈们一起砸玉米棒子，还能用独轮车推运高过头顶的秸秆，无论上坡、下坡、拐弯，从没翻过车……后来她把这段经历写进了文章里，用极富风趣的语言记录了当时的生活。

和农民们一起生活，一起劳动，杨绛也看到了农民们朴实的一面，她觉得下乡是对她的锤炼，经历过八年在沦陷的上海的生活后，已经没有什么生活难题能够让她蹙眉犯难了。

那是 1966 年 8 月的一天，那天在办公室她被迫交出《堂吉诃德》全部的翻译稿，她为自己的心血之作痛惜不已。晚上回家，刚一进院子就看见大楼前的台阶上站满了人，大院里也挤满了人，有好心的邻居偷偷提醒她事情不妙，杨绛深知不妙，却又无处可走，院子里的"极左大娘"已经看见了她，厉声将她喝住。她只好走上台阶，站在钱锺书旁边。

曾经用杨柳条鞭子抽过杨绛的姑娘拿着一把锋利的剃发推子，把两名陪斗的老太太和杨绛都剃去了半边头发，一位不知什么罪名的家庭妇女向那姑娘拜佛似的拜着求饶，求那姑娘开恩，被免于剃发。可是杨绛并不屑于向对方求饶。于是，她的头发就这样在众目睽睽之下就被剃光了。她没有争辩，没有反抗，也没有因此消沉。

北京的 8 月虽已不再是骄阳似火，可是夏日的余温还没有过去，正是一年中天高云淡艳阳高照的好天气，可是在这样的节气里，人的心情却无法晴空万里。整个晚上，杨绛都在缝一顶假发，她将女儿钱瑗几年前剪下的两条大辫子拿了出来，用一只掉了耳朵的小锅做楦子，用丈夫的压发帽做底，解开辫子，将头发一小股一小股地缝上去。一夜过去了，她如释重负，她的假发做好了，第二天上班就可以戴着这顶假发遮住阴阳头去上班了。

她还和钱锺书说，小时候老羡慕弟弟剃光头，这回我至少也剃了半个光头，果然，羡慕的事早晚会出现，只是变了样。可是这顶假发戴出去，才发现像一定顶帽子似的闷热不堪，难以忍耐。而且即使戴着这顶假发去乘车，也仍然被认出来，她只好连车也不坐，多远的路，都是靠两条腿走。

即使是走路，杨绛也总是担心遇到不测，因为街上的孩子们看出她的假发便会伸手去揪。她一看到小孩子，就忙跑着从街这边躲到那边。钱锺书愿意陪着她一起走，可是她说，戴眼镜又剃光头的老先生，保护不了她，所以还是独自行走。

那时候保姆已经被迫离开她家，煤场也不再为他们家送煤，他们日用的蜂窝煤饼，都得自己去煤场去买。她被命令扫大院、清除垃圾、改造思想。"那时候，一旦被揪出，就不在人民群众之中，如果拒不受命，就是公然与人民为敌。"干体力活她不怕，"灶下婢"的生活经历和下乡改造都是对体力的考验，就连"洗厕所"都不在话下。那时，在文学所打扫卫生的临时工小刘监督杨绛，杨绛扫厕所，钱锺书扫大院。她能用仅有的几件工具将一个污浊不堪的蹲便瓷盆和门窗墙壁都擦洗得雪白锃亮。据说直到三年后，还有人赞她厕所刷洗得干净。

关于这段往事，杨绛在一篇文章里写道："小刘是我的新领导，因为那两间女厕属于她的领域。我遇到了一个非常好的领导。她尊重自己的下属，好像觉得手下有我，大可自豪。她一眼看出我的工作远胜于她，却丝毫没有忌妒之心，对我非常欣赏。我每次向她索取工作的用具，她一点没有架子，马上就拿给我。"她的幽默丝毫没有被现实磨灭，反而在接二连三的困苦磨难中锤炼得更加精致简约。短短的几句文字里，满是波澜不惊的诙谐。

收拾厕所竟然也有意想不到的好处，让她感到开心是，厕所是个宁静的地方，她忙完后还可以坐在一尘不染的厕所里看书。她临时把厕所当成了书房，在那里面消磨掉多少宝贵的好时光。据说，杨绛的清华同班同学季羡林那时也是在劳动之余，每天最大的快乐就是偷偷从家里抄两张纸的古代印度史诗，那是知识分子与众不同的"文化快乐"。

他们用握笔的手干粗重的体力劳动，一肚子的笔墨文章只能用来写检查。即使这样也没有消磨掉精神的追求和坚忍的意志。这又让我想起陈丹燕在《上海的金枝玉叶》中写的主人公，上海著名的永安公司的郭氏家族的四小姐郭婉莹，人称戴西，她出生在富商人家，毕业于燕京大学，少女时在家中所受到的是金枝玉叶的宠爱，她拥有美貌、优雅等一切让人感到美好的资本。然而，随着时代的变迁让她身边所有的荣华富贵都随风远去，更加沉重而长久的磨难一个个接踵而至，她经历了丧偶、劳改、羞辱打骂以及一贫如洗，她没有发疯、没有自杀，也没有心存怨恨。她用永远心怀的美好，一直乐观优雅地生活着，从未丢掉自己的自尊和骄傲。

她会在别人用口水、扫把袭击她的时候，依然高傲地扬起下巴，没有低过头，即使在最简陋的环境里，也能够依旧优雅地用铁丝网烤面包，也会在农村劳动时学着清洗女厕所，她做过女翻译，卖过鸡蛋、水果，英文教师……她把每一件事都做得很好。当有人问起她的那些岁月时，她从容地说，我在这样的生活中学到了许多东西，要是生活一直像我小姑娘时一样，我永远不知道自己的心有多大、能对付多少事。

这样的女子，人们总认为她们只适合过精致的生活，就像人们在看到杨绛少女时期的那张照片一样，你以为她只会在书斋里做一个风轻云淡的女子，可是如果没有后来经历的那些事，你永远不知道原来她在困难面前挺直腰杆、镇定微笑的样子更美丽。正如戴西自己说的："在你没有经历的时候，会把事情想得很可怕，可是，你经历了，就会什么都不怕了，真的不怕了。然后，你就知道，一个人是可以非常坚强的，比你想象的要坚强得多。"人们评价她"有忍有仁，花开不败"。

杨绛曾在一篇文章中记载民国六年张勋复辟时一家人逃到朋友家避嫌的事。那时，六岁的杨绛先被三伯伯带到那家人家，黄昏时分爸爸妈妈都来了，他们带了好多箱子，有一个叫藏明的老用人抱着她七妹妹，藏明的妻子藏妈抱着她大弟，不一会儿三姐和家里的小厮阿袁也来了……对于一个六岁的孩子来说，兵荒马乱中一家人举家躲在别人家中避险可能更像是一场盛大的游戏，又像一次突如其来的旅行或神秘的冒险，更何况她的身边还有成群的佣人。

我不知道，她在冲洗厕所的时候，有没有人知道她曾是锦衣玉食的杨家四小姐，就连女佣们都说："四小姐最难伺候！"因为她爱整洁，喜欢裤脚扎得整整齐齐，照顾她比照顾别的孩子更加吃力不讨好，她比别的姐妹主意多，甚至也会替妈妈捉弄偷懒的佣人。但就是这个女佣们眼里最不随和的四小姐，却能在经历多次运动中做过那么多不可想象的事。能把厕所清洗得光洁如新，能愤然冲出来为丈夫讨回公道，把丈夫和女儿保护在她的羽翼之下。据说钱锺书弟弟曾评价嫂子是一个贤妻良母，"她像一个帐篷，把大哥和钱瑗都罩在里面，外在的风雨都由她抵挡。她总是想包住这个家庭，不让大哥他们吃一点苦"。

甚至，她爱惜他的名声远远超过自己，甚至不顾自己的安危，她能忍受那些无休止的体力劳动，甚至侮辱性的人身侵犯，唯独不能接受别人对她丈夫的造谣污蔑。据说，有人贴了钱锺书的大字报，杨绛晚上打着手电筒

去在下面贴了一张小字报澄清真相。她的勇气让所有人
都震惊了，整个外文所，只有她一个人敢这么做。

　　杨绛在《丙午丁未年纪事》里写：群众审问我："给
钱锺书通风报信的是谁？"我说："是我。""打着手电贴
小字报的是谁？"我说："是我——为的是提供线索，让
同志们据实调查。"台下一片怒斥声。有人说："谁是你
的'同志'！"我就干脆不称"同志"，改称"你们"。

　　"聪明的夫妇彼此间总留些空隙，以便划清界限，免
得互相牵累。我却一口担保，钱锺书的事我都知道。当
时群情激愤——包括我自己。有人递来一面铜锣和一个
槌子，命我打锣。我正是火气冲天，没个发泄处；当下
接过铜锣和槌子，下死劲大敲几下，聊以泄怒。这一来
可翻了天了。台下闹成一片，要驱我到学部大院去游
街。一位中年老干部不知从哪里找来一块被污水浸霉发
黑的木板，络上绳子，叫我挂在颈上。木板是滑腻腻的，
挂在脖子上很沉。我戴着高帽，举着铜锣，给群众押着
先到稠人广众的食堂去绕一周，然后又在院内各条大道
上'游街'。他们命我走几步就打两下锣，叫一声'我
是资产阶级知识分子！'我想这有何难，就难倒了我？
况且知识分子不都是'资产阶级知识分子'吗？叫又何

妨！我暂时充当了《小癞子》里'叫喊消息的报子'；不同的是，我既是罪人，又自报消息。当时虽然没人照相摄入镜头，我却能学孙悟空让'元神'跳在半空中，观看自己那副怪模样，背后还跟着七长八短一队戴高帽子的'牛鬼蛇神'。那场闹剧实在是精彩极了，至今回忆，想象中还能见到那个滑稽的队伍，而我是那个队伍的首领！群众大概也忘不了我出的'洋相'，第二天见了我直想笑。有两人板起脸来训我：谁胆敢抗拒群众，叫他碰个头破血流。我很爽气大度，一口承认抗拒群众是我不好，可是我不能将无作有。他们倒还通情达理，并不再强逼我承认默存那桩'莫须有'的罪名。我心想，你们能逼我'游街'，却不能叫我屈服。我忍不住要模仿桑丘·潘沙的腔吻说：我虽然'游街'出丑，我仍然是个有体面的人！"

这些本是让人满腔悲愤的事，在杨绛的笔下竟是如此温柔敦厚，透着调皮与冷静。她说，打我骂我欺辱我都不足以辱我，何况我所遭受的实在微不足道，至于天天吃窝窝头咸菜的生活，又何足折磨我呢。我只反复自慰：假如我短寿，我的一辈子早完了，也不能再责怪自己做这样那样的事。

据说杨绛的东吴大学好友周芬有一次去看望杨绛，路上碰到东吴的同学，同学关心杨绛的近况，问："杨季康还是那么娇滴滴的吗？"同学说，"还是那么娇滴滴的！"对此杨绛很不服气。多年前，她是东吴大学里年龄最小、成绩最出色的女生，或许是优越的家庭出身，也许是她的娇小身材，也许是她清汤挂面的娃娃头，让她给同学们留下了"娇滴滴"的印象，但是他们谁也不会想到，这个曾被称为"杨娃娃"的娇小女孩子，会在被误解时，表现出让人刮目相看的一面，会在尘埃封锁的生活里，寻找别具匠心的情趣。

　　据说，那时，钱、杨夫妇每天都要胸前挂着写有"资产阶级学术权威"的牌子去上班。他们每天自己用毛笔工整地写上罪名，一边写一边互相欣赏书法。如果说那时候她对日本兵的抗拒是横眉冷对，在"洗澡"时的被诬陷是神色淡然，那么她这个时间简直是在调皮地苦中作乐了。就像她在牛津第一次自告奋勇地剪虾一样，她知道事到临头怕是没有用的，人生五味，不尝尝怎么知道其中的甘苦滋味？

　　这就是杨绛，当生活以不是自己想要的面貌出现时，她用与生俱来的豁达和幽默调侃着生活。因为，她早就懂得，人生如戏，我们是这场戏的主角，无论是高潮还是低落，都要将这场戏演下去，有掌声最好，喝倒彩也罢，戏台上的我们，都需竭尽所能。

尽管杨绛也曾无奈地说，在这个物欲横流的人世间，人生一世实在是够苦的，你存心做一个与世无争的老实人吧，人家就利用你，欺辱你。你稍有品德才貌，人家就忌妒你、排挤你。你大度退让，人家就侵犯你、损害你。你要保护自己，就不得不时刻防御。你要不与人争，就得与世无求，同时还要维持实力，准备斗争。你要和别人和平共处，就先得和他们周旋，还得随时准备吃亏。

这是她用大半生的经历所获得的经验认知，并不高深莫测，毫不阳春白雪，却是句句实话，让读到的人们深感共鸣，仿佛久别的老友促膝长谈中的推心置腹。其实，谁的生命里都应该有一个像杨绛这样的老友，无论是否相识，无论有无时空的交集。因为，他们的睿智和豁达，能够帮助你用不同的视角俯仰世界，也让你懂得，在这荆棘丛生的生活中，学会苦乐从容，方能行进自如。

虚负凌云万丈才，一生襟抱未曾开，这句诗是对唐代诗人李商隐怀才不遇的绝唱。其实，古今有多少人，空怀满腹才情，却生不逢时，没有用武之地。漫长的战乱动荡中，多少知识分子，将一腔情志消磨殆尽。作为普通的知识分子，杨绛和钱锺书夫妇所向往的，也不过是在这喧嚣嘈杂的世界里拥有一个安身立命之所，品茶论诗，弄瑟吹箫，亲历一寸光阴，安享一方静谧。只无奈树欲静而风不止，一朝心怀桃李，几度流年辜负。

所幸的是，那些散落在岁月尘埃中的爱与暖，一直与他们相伴相随。执手相看，仍能满怀深情。

干校生活

一直喜欢蒋捷的那首《虞美人·听雨》："少年听雨阁楼上，红烛昏罗帐。壮年听雨客舟中，江阔云低，断雁叫西风。而今听雨僧庐下，鬓已星星也。悲欢离合总无情，一任阶前，点滴到天明。"短短一首词，概括了自己历经的一生：少年、壮年和老年。寥寥数言，将一个人由年少时的欢乐无忧，到中年的惆怅彷徨，进而到老年的凄苦无助抒写殆尽。其实，人生的百般况味，又何尝能用几个字说得清道得明呢。

姹紫嫣红的春光固然让人赏心悦目，繁花似锦的夏天固然充满生机，可是花开花谢的脚步如何抵得过四季轮回，在你一个不经意的抬头，曾经的满目苍翠正在变成落叶纷飞。秋天，竟已悄然来临。你惊诧于时光的匆匆，不知道秋天的第一颗果实是什么时候成熟的，第一枚花瓣是如何凋落的，也不知道第一片落叶是何时从树干中飘落下来的，你想起那些轻歌曼舞的时光早已一去不返，然后仓促地盘点了一下你的行囊，将心事深藏胸中，继续踽踽独行。那些年少轻狂的话，再也说不出口。

　　1970 年，钱锺书和杨绛夫妇先后被下放河南省息县"五七"干校。听到钱锺书行将离开北京，去遥远的河南的消息时，杨绛直感到心绪不宁。再过几天就是丈夫 60 岁生日了，他们商量好，两人要吃一顿寿面庆祝，他们计划好的生日面是吃不成了，但还是去了预定的小吃店，叫了一个最现成的砂锅鸡块。那是一个食物仍旧匮乏的年代，里面的鸡肉也不过是皮包骨罢了。许是心情使然，一锅滋味寡淡的食物谁都吃不下。此行不知归期何时，钱锺书已是一个花甲老人，日常生活尚需她来照料，路途艰辛，她怎么能够放心？

　　她把行装收拾了又收拾，在闹嚷嚷、乱哄哄的人群中将他送上了离家的火车。在这个离别的站台，空气里都充满着忧伤的气息。前尘往事竟一并涌来。

她想起他们新婚时一起乘船去英国的情景：旅客们登上了摆渡的小火轮，送行者就把许多彩色的纸带抛向小轮船；小船慢慢向大海开去，那一条条彩色的纸带先后进断，岸上就拍手欢呼，也有人在欢呼中落泪；进断的彩带好似进断的离情。可是这番送人上干校，车上的先遣队和车下送行的亲人，彼此间的离情假如看得见，就绝不是彩色的，也不能一进就断。人生无常，聚散离合身不由己，意气风发时登上海船携手共赴前程，日暮西山时却又要隔着车窗遥遥相望，那个站台送别的背影，分明有些辛酸。

好在半年多之后，杨绛也得到下放干校的消息，行将奔赴干校和丈夫团聚。尽管将见到丈夫，但是这次，她的心情同样不得平静。就在这个曾经送过钱锺书的站台，却只有女儿钱瑗一个人相送，那时，她的女婿王得一已于一个月前自杀。对孤身一人的女儿，她一定是百般不舍的，但也只得依依惜别。

如果说第一次下乡仅仅是"参观学习"的话，在"五七"干校却是切实需要面对更加繁重的劳动。在干校，杨绛在菜园班种菜，看菜园子。他们要自己挖井浇地，她和年轻小伙子们一起铲地，利用自己"脚步快"的优势飞跑回连拿工具，再飞跑回菜园。她和大家一起大清早饿着肚子上菜园，早饭时和女工友一起回厨房去，把馒头、稀饭、咸菜、开水等放在推车上，送往菜园，每天都要干活到日暮黄昏，很晚才能吃到晚饭。

他们在牛津留学时，能吃到各种新鲜的蔬菜、肉类和鱼虾。她的早餐是钱锺书做给她的西式早餐，有鸡蛋、牛奶、红茶、奶酪。大概十年前，保姆顺姐刚到她家，她看不过顺姐每天在风里啃着干馒头当早饭，自己家有现成的粥、饭和菜肴，她热心地留顺姐早晨在家里吃烤热的馒头，吃煮热的汤菜粥饭，中午也让她吃了饭再走。以前她会经常给钱瑗做她喜欢吃的炸小鸡，她也经常和别人交流烹饪经验。从小在优裕家庭中长大的女子，耳濡目染下顺理成章地建立了对生活品质的追求。可是后来她也吃遍了粗茶淡饭，白菜帮子、白薯干和胡萝卜、窝头她也能吃得下，竟也能吃出趣味、吃出甘甜来。

井终于打好了，水已经足够深，大家都很高兴。自认为上了年纪出力不多的杨绛主动提出要去打一斤烧酒为大家驱寒，借此庆功。她生怕卖酒的供销社关门，跑了二里路去打来一斤烧酒，又买了一斤泥块一样的水果糖，赶回菜园。没有下酒菜，大家就着泥糖块喝酒庆功。那年她将近 60 岁，和年轻人们在一起时，似乎忘记了自己的年龄。因为她在劳动中受到了年轻人的照顾，她对此感恩在心，也用自己力所能及的方式回报。

杨绛还学会了种白菜，她和女伴将不包心的白菜一叶叶顺序包上，用藤缠住，居然有一部分也长成了包心的白菜，用尿一瓢一瓢地给白菜施肥。我想，看着自己精心照顾下的白菜一棵棵饱满长大，那样的快乐之于杨绛，大概不啻于教书育人甚至翻译一本著作吧。

就像林语堂《京华烟云》中的姚木兰一样，富贵时锦衣华服映衬雍容高雅，落魄时布衣荆裙，同样款款大方。这种物质生活培养出的从容气质和性格中的刚柔并济，让她们在外界环境风云突变也能应对自如。这样的女子，既能享受命运的馈赠，又要担负起命运的苦难。也许有时面对环境，不抗争，不坚持，顺应变通，自求多福，乃是人生之大智慧。

那一段干校时光为杨绛留下了刻骨铭心的经历，夫妇二人在干校中的感情佳话也让人们体会到了爱的升华。相比北京，河南息县的干校的生活条件自是艰苦非凡，但是少了精神上的磨难，杨绛和钱锺书夫妇竟从枯燥单调的干校生活中体味出了不一样的甘甜。

她被安排看菜园，菜园距离钱锺书的宿舍不过 10 多分钟的路。钱锺书负责看守工具，杨绛经常被指派去借工具。于是，同伴们都笑嘻嘻地看她兴冲冲走去走回，借了又还。其实，大部分的人都是善良的，这样一对老夫妻的恩爱成了他们在辛苦劳动中的最温暖的底色。后来，钱锺书改任专职通讯员，每次收取报纸信件都要经过那片菜园，他们的相见就变得更加容易。"这样我们老夫妻就经常在菜园相会，远胜于旧小说、戏剧里后花园私相约会的情人了。"我在她后来写的《干校六记》里看到这句话时，不禁为她的浪漫情怀打动，原来饱读诗书可以让人如此高贵，原来爱情真的可以天长地久，原来美好的爱情可以让人永葆天真和文艺，原来心底温暖的人如此可爱。

她陪着钱锺书走上一段路，就得赶紧分开，她目送他的背影渐渐远去，渐渐消失，再赶着去守她的菜园子。风和日丽的天气里，他们就在渠岸边坐上一会，晒晒太阳。他们断断续续地写信，鸿雁传书，在离乱中给彼此以温暖和慰藉。可是并不是每天都是艳阳晴空。有一次连着几天下雨，她在老乡家感到无聊时，索性走到雨里去了。

"我在苏州故居的时候最爱下雨天。后园的树木，雨里绿叶青翠欲滴，铺地的石子冲洗得光洁无尘；自己觉得身上清润，心上洁净。可是息县的雨，使人觉得自己确是黄土捏成的，好像连骨头都要化成一堆烂泥了。"她就踏着这样一片泥海，走出村子，突然想偷偷去看钱锺书。

连片的田地中的沟壑在积雨后都成了大大小小的河渠，一步一泥泞地前行，不知道走过多少水塘和低洼的荒地，多少坡地和泥坑，一脚泥、一脚水，历经千难万阻，居然走到了钱锺书宿舍的门口。事后，她只暗自庆幸没有掉到沟里，没有陷入泥里，没有跌滑，也没有被领导抓住，便是同屋的伙伴也并没有觉察她这一下午干了什么。

苏州的故居里，藏着她一段翠色含烟的少女情怀，烟雾迷蒙的雨天里，每一片绿叶和石子上都写满纤尘不染的往事。时过境迁，她走出了故土，却走不出那段记忆。从烟雨迷蒙的苏州到愁云惨雾的息县，同样的潮湿却早已是不同的心情。她那曾经走过青石板的轻盈步履也依然能够踏过脚下的满地泥泞。也许在杨绛看来，她不过是在经历，经历那些此前从未经历的景色，而每一种经历都是财富。她早已知道，有些事，既然无法拒绝，就要懂得接受，接受苦难，接受人与人之间的情感，也接受和自然生灵间的温暖。

据说她在干校期间，一起改造的还有一个贫下中农出身的年轻人，早期曾狠狠批过杨绛。但是杨绛不计前嫌，还在他爱人生重病期间借钱给他。回来后，杨绛出于关心，问他爱人身体恢复得如何了。年轻人以为杨绛要他还钱，表示爱人还要继续花钱吃药补养。哪知杨绛又借给他 40 元钱让他寄回家中给妻子买药。为她的善良和大气所打动，年轻人认识到自己以己度人的狭隘，后来写了一个很大的"人"字压在他办公桌的玻璃板下面。他说从杨绛先生身上懂得什么是人，怎么做人。

也许善良是伴随着血缘流淌的。杨绛在苏州的时候，她的母亲曾经收留过无家可归的阿福和乡下来的阿灵当佣人，母亲处处护着苦孩子阿福，自己吃什么，总要留给阿福一些。阿福年幼贪玩干活不力，做当家太太的母亲也并不责备，还帮他谋划生计。女儿钱瑗也很善良，曾冒着极大的风险借钱给学生，帮助他出境和太太团聚。

钱瑗还帮助过一位被要求扫街的老太太，老太太为钱瑗的热心和善良感动，欣赏她的美德，极力将自己的儿子介绍给了她，几次三番的努力下，促成了钱瑗的第二段婚姻。

在《干校六记》里，杨绛还用大量的笔墨记叙了和一只小狗的相处。小趋是一只生活在干校的流浪狗，杨绛从自己嘴里省下的白薯块喂小趋，狗是有灵性的动物，对总喂它的人也生出了万般依恋的情感，杨绛走到哪里，它跟到哪里。

"一次我已经走过砖窑，回头忽见小趋偷偷儿远远地跟着我呢。它显然是从窝棚的秫秸墙里钻了出来。我呵止它，它就站住不动。可是我刚到默存的宿舍，它跟脚也来了；一见默存，快活得大蹦大跳。同屋的人都喜爱娃娃狗，争把自己的饭食喂它。小趋又饱餐了一顿。"但是经历过那么多次运动，杨绛担心有人认为狗是资产阶级夫人小姐的玩偶，她待小趋表面上不敢太热情，但是每逢小趋来做客，他都要多买一些饭"招待"它。"平时我吃半份饭和菜，那天我买了正常的一份，和小趋分吃。食堂到菜园的路虽不远，一路的风很冷。两手捧住饭碗也挡不了寒，饭菜总吹得冰凉，得细嚼缓吞，用嘴里的暖气来加温。小趋哪里等得及我吃完了再喂它呢，不停地只顾蹦跳着讨吃。我得把饭碗一手高高擎起，舀一匙饭和菜倒在自己嘴里，再舀一匙倒在纸上，送于小趋；不然它就不客气要来舔我的碗匙了。我们这样分享了晚餐，然后我洗净碗匙，收拾了东西，带着小趋回'中心点'。"

她能将人和动物的故事写得如此引人入胜，读罢让人不禁莞尔一笑。

尼采曾说，你如果觉得这个世界不是好居住的，你就把它看成好玩赏的也很好，何必拘泥呢？杨绛就是以这种玩的心态，度过了两年的干校岁月。1972年3月，在上级领导的特别关照下，年龄较大的杨绛和钱锺书得到了回京的机会，其他人都为他们高兴，为他们俩设宴饯行。在一次次的分别宴后，迎来了告别的时刻。

"看到不在这次名单上的老弱病残，又使我愧汗，但是不论多么愧汗感激，都不能压减私心的忻喜。这就使我明白，改造十年多，再加干校两年，且说别人人人企求的进步我没有取得，就连自己这份私心，也没有减少些。"

这是她对两年干校生活的总结，没有声嘶力竭的控诉，没有苦大仇深的责难，连一丝对蹉跎过岁月的叹息都没有，她只是平平淡淡地道出了自己的看法。关于这段岁月，后来有许多人围绕个人经历进行回忆，杨绛却把这段时期的经历看成丰饶的历练，用一些干干净净的文字写出了她的所见所闻，所思所想，没有丝毫夸张，也不刻意深沉。

关于时间与自由，杨绛记住过一句时常萦绕心头的话：人在当时的处境中，像旋涡中的一片落叶或枯草，身不由己。也许，她心里还有没说出来的那句：人不能够左右命运的旋涡，但是可以选择在旋涡中的姿态。她也曾说，"国家重视知识分子，我相信，但是我们自知不是有用的知识分子。我们不是科学家，也不是能以马列主义为准则的文人。我们这种自由思想的文人是没用的。我们再三考虑，还是舍不得离开父母之邦，料想安安分分、坐冷板凳、粗茶淡饭地过日子，做驯顺的良民，终归是可以的。这是我们的选择，不是不得已"。

我们该庆幸，我们的社会一直在进步，人们越来越崇尚思想的自由，自由的思想者得到了更多的尊重，这，也许就是杨绛作为一个老年写作者，其作品销售仍然高居榜首的原因之一。

有人说，把直路走弯的人是豁达的，因为可以多看几道风景，多经历一些沧桑，也会少一些困惑，少一些迷茫。也许，多年的缄默和荒废，对于惜时如金、以做学问和写作为至上乐趣的人来说，该是一场痛苦的消耗。但是当有人问杨绛："你们有没有为自己当初没有离开大陆而后悔？"杨绛淡然地说："没有什么后悔的，人活着不一定全是为了享福。"我想，也正是因为那段艰苦的生活，让杨绛对民族、对民生、对苦难有了最深刻的体验，她的人生因此更加饱满充实，灵魂更加明净出尘。

坐守围城

"十年燕月歌声，几点吴霜鬓影。西风吹起鲈鱼兴，
已在桑榆晚景。"一首诗道尽了对岁月的追思。人生仿佛
一页不大不小的画卷，挥毫泼墨间，不知不觉已经描绘
大半，无论色彩明丽精彩也好，乏味单调也罢，都没有
重新绘就的机会。我们唯一能做的，便是用剩下的颜料，
尽可能将这画卷点缀出五彩斑斓。

1972 年春，杨绛和钱锺书从河南息县回到了离开两
年的家。刚刚结束了干校锻炼岁月，再次回到祖国的心
脏，对于能够团聚的一家三口来说，没有什么比这更让

杨绛欣慰的了。尝尽了奔波与流离的滋味后，她不想再迁徙了，只希望，能够有一个地方，和丈夫、女儿一起安度春秋，但是位于北京的家，却失去了往日的安详宁静。

回国后，这个三口之家就一直居无定所。直到1962年他们一家人曾迁居位于干面胡同，这中国科学院社会科学学部高级研究人员的宿舍。对于半生漂泊的杨绛夫妻来说，干面胡同15号曾经是一个温暖的所在，那是一个除了有四个房间还有一间厨房、一间卫生间、一个阳台的房子。多年前，他们迁居到这里后，兴致勃勃地添置了家具，建立了一个舒适的家。钱瑗结婚后，也一度和爱人同住在这里。干面胡同留给他们一家的大概是种苦尽甘来的烟火生活记忆，第一次，有一处属于自己的居所，盛放他们浓情蜜意的亲情。

但是好景不长，那时候知识分子住房十分紧张。几年后，他们家里的住房就被文学所的年轻同事一家占去两间，这是当时为解决住房问题所采取的一项特殊措施。不知道两家的相处是不是从一开始就并不愉快。杨绛夫妇在"五七"干校生活期间，彼此并没有太多的接触。此番回家，同在一个屋檐下生活的两家人，便因一些生活琐事产生了矛盾。

杨绛和钱锺书只好弃家而走了。那个深秋，夫妇俩带了一些随身的物品离开了属于他们名下的房子，逃至女儿钱瑗所在单位北师大的集体宿舍居住。

那间宿舍由于久无人居显得凌乱不堪，尘土飞扬。然而幸好有这么一个居所，容纳了流离失所的他们。他们依靠钱瑗朋友送来的生活用品吃了一顿团圆饭。三人同住一间小屋，屋子虽然寒冷，但是他们相依相偎在一起，仍然感受到久违的温暖和安宁。

但是冬天很快来了，这间温馨的宿舍却并不能遮挡严寒，没有暖气，没有电，寒冷的北风穿过窗户，宿舍如冰窖般寒冷。再浓厚的亲情也无法为身体取暖，更何况，他们从家里匆忙逃出来时，身上只穿着薄薄的衣服。考虑到丈夫一向有哮喘旧疾，恐天寒再犯，杨绛只好在好心人的陪伴下，潜回干面胡同的宿舍去取回了冬天的衣服。

又是女儿钱瑗，在朋友的帮助下，帮父母找到了另一间教师宿舍，那是一间有阳光的宿舍，可以帮助他们暂时度过冷风肆虐的冬天。搬家是欢欣的，但是在一阵搬家的劳累过后，钱锺书的哮喘不幸发作了。病情危急，杨绛非常紧张，幸好抢救及时，才没有造成更大的危险。只是在很长一段时间里，需要对大脑缺氧造成的后遗症进行康复。

那些年，他们像蚁族一样四处搬家，丈夫病愈后，杨绛主动归还了这间借来的房子。她在学部一所楼的角落里，找到一间堆满了杂物的办公室。听说他们要搬家，文学所和外文所的年轻人们都来帮忙，这些年轻人，有的曾得到过他们的帮助，有的敬重他们的为人，在他们的热心帮助下，一间斗室瞬间充满书香。一排书架，两个书桌，让两个老知识分子心仪不已。斯是陋室，惟吾德馨。尽管和干面胡同的四居室相比，这里狭窄简陋，还有经常出没的老鼠和数不清的小昆虫，但是有书读，有友爱善良的同事，他们便能住得舒心。就这样，他们又在文学所的办公室里度过了一段苦中有甜的岁月。在这间满是书籍的陋室里，他们安居乐业，潜心写作。

1976 年是一个沉痛的年份，那一年，7 月 28 日凌晨的唐山大地震。杨绛和钱锺书随着外文所的同事们辗转多方流转逃避余震，就在这期间他们夫妻完成了一生中各自的不朽之作。杨绛的《堂吉诃德》上下集共八册全部定稿，钱锺书的《管锥编》初稿也业已创作完毕。

莫道桑榆晚，为霞尚满天，这是一种多么气势博大的境界，又是多么令人神往的美景啊！多少人在迈入暮年时心生凄凉无助之感，多少人怀着一事无成的遗憾垂垂老矣。幸运的是，勤于治学的钱、杨夫妇还能够一同分享事业的巅峰和梦想的喜悦。其实，仿佛就在昨天，他们还一起在清华大学的校园里放飞青春激扬文字，又仿佛是在昨天，还在归国的邮轮上畅想未来，时光如白驹过隙，转眼之间便风景各异。

　　泰戈尔说，如果你因错过太阳而流泪，那么你也将错过群星。尽管群星未必耀眼如艳阳，但是璀璨的光彩依然是它的迷人所在。汇聚着杨绛和钱锺书心血和大半生学识精华的作品让他们的人生散发出了最迷人的光彩，足以让其他的星光黯然失色。但是此时，已进入了人生黄昏之年的杨绛懂得，名利权位是过眼浮云，汲汲于名利，便无暇顾及其他，一个梦想的完成，便是同一段人生的告别。她更愿意守着下一段细碎的光阴，烹茶浣衣，读诗赏月，和相爱的人一起慢慢老去。

　　那时，他们已经在上级领导干部的帮助下搬进了北京三里河南沙沟寓所，这是他们颠沛流离的一生中最后一个驿站，一个最安静雅致的所在。"自从迁居三里河寓所，我们好像跋涉长途后，终于有了一个家，我们可以安顿下来了。"杨绛在《我们仨》里说。

经历了多少困顿消磨、战火离乱和数不清的风波，他们终于迎来了属于自己的静好岁月。仿佛一路风雨颠簸后的旅人终于找到了憩息之所，他们打算停下来消受一段完好的光阴，那时候，他们终于能够有时间，静居一方书桌，阅尽万卷诗书，抑或沏一杯淡茶，就着点苦中带甜的清香，信手翻检那些记录点滴光阴的信笺和旧物，在往事中回味人生，于凝眸时笑谈得失，细数流年，杨绛的心中，感受到前所未有的宁静。

三里河居所仿佛是饱尝流离后的一个伊甸园，他们在此度过了丰盛的晚年，这里也是杨绛文学创作的温室。仿佛一个辛苦劳作的农人，终于遇到了风调雨顺的好年景，她以大半生的经历为种子，在这个闹世中开辟出偏安一隅，在湿暖适宜的土壤中播种耕耘，从容不迫，看着它们长出了繁花茂盛的绿植。

也许是一直不曾有过这样一个安放亲情的固定居所，也许是饱尝有家不能归的离乱之苦，总之，他们一家三口是如此珍惜这样温情脉脉的三人世界。父母、母亲和女儿，他们不在一起的时候，都要将发生在家中琐碎的事记下来。他们无论身在哪一个地方，对彼此的亲情仍然像一根无形的线将三个人牵绊在一起。后来他们对出国访问的事总是一概推辞，对各种外界的事务也尽量逃避。名利都是浮云，唯有时间重于黄金。他们深居简出，在叫作家的这艘诺亚方舟里，感受着亲情的浓浓暖意。

但是，即使这样简单的期望，有时候也并不能如人所愿，作为文学泰斗、文化界昆仑般的人物，钱锺书屡屡被邀参加各种会议，他的出场或者发言，往往成为一个学术会议的文化象征。

社科院曾有次国际性的会议，一次是和美国学术代表团交流学术的会，一次是纪念鲁迅的会。这两个大会，钱锺书都做了主持人，作为一个德高望重、声名显赫的知识分子，这样文化学术交流的会议少不了他。而杨绛，总是发自内心地表达对丈夫的赞赏和崇拜，她在文章里说："我发现锺书办事很能干，他召开半小时的会，就解决不少问题。他主持两个大会，说话得体，也说得漂亮。"

1978 年，钱锺书随中国社会科学院代表团于 8 月 31 日去意大利参加欧洲研究中国协会第二十六次会议。会上，钱锺书用流利的英语回顾了中意文化交往的历史，展望中国和欧洲文化交往的前景。据法国《世界报》报道："听着这位才华横溢、充满情感的人的讲话，人们有这样的感觉，思想的世界又开始复苏了。"在场学者认为，钱锺书是中国文化的光荣。这是她所钟情的男子，其实，在世界还不认识钱锺书的时候，她就知道他是一枚金子，假以时日，总会发光。

很多时候，我们只看到了一个人万众瞩目下的荣耀，却不关心他是否也曾郁郁不得志。评价一个人，许多人喜欢用外界的评价去印证或者影响自己的看法，殊不知，人与人真正的欣赏是发自内心的，是在他寂寂无闻时的肯定，是在他困境突围时的支持，是不以外界环境为条件的信任。杨绛做到了，在他卧薪尝胆的日子里，她默默地支持，他宣布自己也要写一部小说的时候，她便全力以赴地将一切家务都包揽过来。她的一生都从内心拥戴他的能力，小心翼翼地呵护着他的才学。

人生得一知己足矣，更何况还是如花美眷，一生美好姻缘相伴，钱锺书何其幸运。更难得他早就知道自己的幸运。他曾在《人兽鬼》留存的样书上就写下了一段体己的表白：赠予杨季康，绝无仅有的结合了决不相容的三者：妻子、情人、朋友。后来这句话成了许多人的择偶典范，希望能够在茫茫人海中，找一个集三种角色于一身的人。也许那时的钱锺书还没发现，在他后来的生活中，杨绛有时候甚至也扮演着更多的角色。

在生活中，他对她是一种孩子对母亲般的依赖。钱锺书一生下来就过继给了伯父，和自己的母亲虽感情深厚，但是并没有如一般小孩那样享受过母亲无微不至的关爱和肆意施与的温柔母爱。母亲是节制而保守的，她认为儿子既然过继给了别人，就不便随时流露母爱。这是旧时妇女的克己美德，却也给钱锺书造成了某种情感缺失。因此，他称呼她季康，也称呼她娘。据说，杨绛有一天要将钱锺书的一件旧毛衣送人，钱锺书含泪不舍，死死抓着那毛衣不放手，原来，那毛衣是杨绛亲手为他打的，对他而言，有种"慈母手中线"的意味。这位个性独特的才子说过，他对以前的旧东西从来都不感兴趣，包括《围城》，但唯独一件旧毛衣，让他如此难以割舍。

有人说，钱锺书的最可贵之处是他的淘气和一团痴气，正是杨绛用她的包容和欣赏保住了他的这一特质，让他成了众人心目中博学风趣、独具魅力的作家和学者。如果自己一生的事业成就都不足以让她引以为豪的话，那么对钱锺书妻子这一终身职业，她一定是满怀自豪的。

在钱锺书向世界展示中国文人的精神情怀时，杨绛也再次迎来了她事业的小阳春。她历时多年翻译的《堂吉诃德》也业已出版，正好西班牙国王访问中国，邓小平把杨绛版本的中译本作为礼物送给了西班牙国王。后来，西班牙国王授予杨绛"智慧国王阿方索十世勋章"，以表彰她为西班牙文学在中国的传播做出的杰出贡献。钱锺书一生不接受任何荣誉，对于荣誉和奖章，杨绛也看得很淡，但是她在中西文化交流中所做出的贡献，众人也是有目共睹。

她用多年坐冷板凳换来的这个译本至今都被公认为佳作，已累计发行百万册。可是大多人只羡慕她在功成名就后的鲜花和掌声，却不知她为翻译出原汁原味的《堂吉诃德》，以50多岁的高龄自学西班牙语的付出。对于一个普通女性来说，走过大半人生，对未知的向往亦少了一分热情，不少人已经丢失了对事业的拼搏进取，对自己的要求趋于松懈，甚至有人放弃了修身养性和对美的追求，只求在命运的安排中随波逐流，赢得现世安稳。可是杨绛，精通英、法两国语言的杨绛，却仍能够为了事业冲锋陷阵。

这部前后经历整整 20 年时间才面世的作品，先后经历了种种的波折，好在这部呕心之作并未因此被雪藏，杨绛的翻译才华，也在与时间的赛跑中获得胜利。多少年来，很少有人敢去问鼎这样一部另类而又深刻的巨著，或许，是缺少主人公的勇敢精神，又或许，除了杨绛，没有人能领悟作品随处可见的幽默艺术。

多本译著的出版奠定了杨绛在翻译界的地位，心如止水的她，频频被邀出访世界各地参加文化交流。时隔几十年，她再次走出国门，不再是以妻子和陪读者的身份，而是以学者的身份用文化传递友好。1979 年，杨绛受邀出访法国，她与世界各地的学者座谈交流，参观浏览名胜古迹和图书馆、博物馆。许多场合，法国导游的中国译者说不清楚或翻译不出来，都由杨绛翻译、补充讲解。她引经据典，一口流利的法语和宽广的知识面让同行者赞不绝口。随后她又出访了西班牙。她带着对译作《堂吉诃德》的诸多情感，去探访原著作者塞万提斯的故居，并在那里留下了一张独照，照片里的老身穿灰色大衣，笔挺的深色西裤，一派优雅学者风范。从这个 70 多岁的老人身上，我们甚至能看到她年轻时的风华和气质。

多数老人在这个年纪早已该是颐养天年，而古稀之年的杨绛作为文化使者，依然在孜孜以求地继续着自己的事业和人生价值，她还在多次参加塞万提斯的纪念活动时发言，她发言风趣幽默，深得与会人员称赞，西班牙大使与夫人为这位中国老人的优雅和美丽所折服，给了她最高规格的礼遇。

　　是谁说，欲买桂花同载酒，终不似，少年游。人在年少时激情飞扬，快乐如同正午直射地面的骄阳，热情灿烂，毫无保留。而当人有了一些阅历，那快乐便如同日落西山前穿过树林的余晖，有了些欲言又止的迟疑。是什么时候，我们不再一心渴望人生的波浪，越来越追求生活的平淡；是什么时候，我们不再有今朝有酒今朝醉的激情，只想举杯邀明月，懂得了享受细啜慢饮？或许，当世间风景都看遍，人生百味都尝过，才知道一个人对安宁的眷恋可以远胜于万般光风霁月。

　　有人说，人生没有彩排，每一天都是现场直播，所以你要做的，就是演好每一场戏，过好每一天。做一朵自然的花，顺着时节走，在开放之前，不必忧心忡忡落花的悲凉，该开放的时候就尽情地开放，绽放最美的姿容、最美丽的娇颜，待花凋时节，迎接落地的果实。或许这才是真正的杨绛，不去刻意追求什么，更不为名利所趋，对待学问和事业毫无功利之心，只是在听从内心的声音，顺应着自然的因果规律，春种一粒粟，秋收万颗子。因此对于这样的收获，杨绛并不以为意。她心中笃定的幸福，仍然是丈夫和女儿回到家后端上桌的饭菜，仍然是黄昏后踩着满街落叶的牵手漫步，仍然是离乱时一纸信笺的守望。

有一天傍晚，家里的灯坏了，他们的晚上要读书写作，年过七旬的杨绛搬来一张小桌子，又搬来两只小凳子叠加起来，她自己爬上去，一手撑着天花板，另一只手检查灯管，她的手印留在了天花板上，也让钱锺书佩服不已。就像她生完女儿从医院回到家修好他弄坏的台灯一样，她似乎无所不能，永远都有办法让家里充满光明。她似乎本身就是家里的那盏明灯，有她的地方，就有温暖和光明。

她终究是一个幸福的人，因为她的身前身后，总站着一个至情至性的钱锺书，夫妇二人一生琴瑟和谐。他懂她的才华，崇拜她的能力，在生活上依赖她，在情感上支持她，这样的爱情佳话，现实中又有几多？他们将才子佳人的爱情故事在世俗生活里浸染了一番，赋予了婚姻更加丰盈充实的内涵。从相遇到牵手陪伴，他们的爱情延续了一生。他们之间那些断断续续的两地书，便是恩爱一生最温暖的证明。

有人说钱锺书狂傲不羁，说他顽痴狂傲。可是杨绛看重的，恰恰是他的率真可爱之处，他和女儿玩，比女儿更像一个小孩子，他每天给女儿被子里埋地雷，看着女儿发现后的吃惊样子，他就得意大笑，她在旁边微笑看他的恶作剧，颇为欣赏；他们家养的猫和邻居林徽因的猫打架，他看到自己的猫咪吃亏，拿着竹竿帮助自己家的猫打架，她怕因此伤了和气，连忙跑去阻止；他写文章讽刺沈从文收藏假古董，她带着他去主动登门拜访，以重修两家关系。她把这些事都写在文章里，就像一个母亲似的，笑眯眯地讲自己家淘气孩子的趣事一样，满满的都是接纳、欣赏和包容。也许，这一切都只是因为懂得，所以慈悲。

杨绛说，这个世界好比一座大熔炉，烧炼出一批又一批品质不同而且和原先的品质也不相同的灵魂。她相信人有灵魂，有个性，有本性，也相信一个人会受后天环境的熏染或洗练。所以，在这川流不息的人群中，你不喜欢的，不喜欢你的，皆是世界常态、人之常情。最

深的喜欢，是生命力的吸引，是灵魂中的守望以及精神
上的对等相通。所谓围城，不过是心的困顿与荒芜，如
果遇到对的人，自会在心中修篱种菊，围城亦是令人流
连忘返的世外桃源。

　　杨绛在 1958 年随老知识分子下乡锻炼，钱锺书每日
一信，字小且密，情意绵长。杨绛认为那是钱锺书一辈
子写得最好的情书。因此，每一封信她都读了又读，舍
不得丢弃。尽管那些家信中的内容不过是私人情感的表
达，但是经历过许多风波后，杨绛害怕因此招来麻烦。
她将这些信藏在衣服里，塞入枕套里，卷在铺盖里，藏
到无法可藏的时候只好自己焚毁了。

　　此情可待成追忆，只是当时已惘然。多少年后，最
让她念念不忘的仍是这些珍贵的信笺，它们连同往事一
起化作一缕青烟，消散在了过去的时光里。有时候，那
些在岁月中遗失的物件，会成为我们心头永远难以抹去
的眷恋，每当想起，便会让人怅然追悔。过去的事，像
海市蜃楼般都结在云雾间，还未消散。现在的事，并不
停留，衔接着过去，也在冉冉升腾，就像杨绛在《软红
尘里·楔子》中说的那样，时光的指针一刻不停地转动，
面对流逝的时光，谁都无能为力，只求珍惜当下，为生

命的无悔而努力。

　　钱锺书的《围城》再版后，一时洛阳纸贵，钱锺书也成了炙手可热的名人，拜访者、写信者络绎不绝。但是这个文坛上最具个性的作家，却并不擅长应付随之而来的琐事，只是以一贯的犀利和幽默拒绝粉丝们见面拜访的要求，他说：如果你吃了一个鸡蛋，觉得味道很好，又何必认识那只下蛋的母鸡呢？就像她曾经在钱锺书写《围城》时包揽一切家务一样，接待、挡驾也成了杨绛的事。甚至，有人喜欢给《围城》中的人物对号入座，因此猜测作者的婚姻故事。据说有一个读者，在去拜访钱锺书时看到了杨绛，对他的偶像说：你的孙嘉柔蛮不错的嘛！这些小插曲恰似生活的花边，点缀调剂着他们的生活。

　　1999 年，《围城》搬上了荧屏。这部戏拍摄时，在场景选择、道具设置、人物形象设计上，做过剧作家的杨绛也提出了种种宝贵的建议。关于《围城》的主要内涵，杨绛挥洒才思写下了一段话："围在城里的人想逃出来，城外的人想冲进去。对婚姻也罢，职业也罢，人生的愿望大都如此。"几语道破了存在于人性中的普遍情结，后来成为评价婚姻的经典之语。

　　如果你因此以为这是一个人的经验之谈那可能就错

了，作为家庭的守望者，杨绛始终将家作为生活的第一位置，将婚姻关系摆放在一切社会关系的首位。但让我们百思不得其解的是，这样精彩的哲思之语，竟然是出自一个安于守望围城的幸福女性。我想这或许就是她多年冷眼看世界的高妙之处。俗话说，当局者迷，旁观者清，这是一个婚姻幸福的旁观者，跳出自身情感视野的一种体验和感悟吧。

因为她曾自问："获得人间智慧必须身经目击吗？身经目击必定获得智慧吗？凭一己的经历，沾沾自以为独具冷眼，阅尽人间，安知不招人暗笑。"她用一个作家的自觉意识，以超越经验的思考方式去看职场、婚姻围城，看人性围城。

也许，没有哪一个女子，比杨绛更懂《围城》，更懂婚姻。

坚毅如梅

一直喜欢蒋捷的那首《一剪梅·舟过吴江》：一片春愁待酒浇。江上舟摇，楼上帘招。秋娘渡与泰娘桥，风又飘飘，雨又萧萧。何日归家洗客袍？银字笙调，心字香烧。流光容易把人抛，红绿樱桃，绿了芭蕉。这一首写在离乱颠簸的流亡途中的心歌，写尽了有家难归的游子内心彷徨，一个人在这世界何其渺小，被命运抛到他乡，孑然一身，前路茫茫，又怎能不莫名惆怅呢？芭蕉叶绿、樱桃果红、绿瘦红肥、花开花落，大自然沿着既定的时序从容流转，而对于漂泊不定的游子来说，时光总是有些无情，那些蹉跎的日子，终究是回不去了。一句"红了樱桃、绿了芭蕉"让人扼腕伤感。

其实，那些风雨飘零的岁月，对杨绛何尝不是一种灾难性的消耗呢？多年的运动，对于杨绛这样一个年龄正好的知识分子来说，正是思想成熟、精力尚且充沛，能够在事业中大放异彩的黄金岁月。然而她的黄金岁月却消磨在了各种思想报告与体力劳动中。那些本可以闪光发亮的日子，竟渐次荒芜，她不能登上讲台传道授业，更不敢提笔著文，这对一个将事业和家庭看得同等重要的女子来说，是多么残酷的折磨？然而杨绛不愧为一个充满智慧的女性，面对艰辛困苦，她能将那些苦涩的酿成甜美的蜜，将苦难与自己精神世界里最广阔的那片土地相结合，让它们成为修炼心灵的养料，转化为人生的能量，并滋养出甘甜而美好的果实。正如她所说："一个人经过不同程度的锻炼，就获得不同程度的修养、不同程度的效益。好比香料，捣得愈碎，磨得愈细，香得愈浓烈。"

因此，她可以在遭到诬陷后将自己打扮得漂漂亮亮，去菜市场买菜；因此，为了帮丈夫洗刷清白，她肯跺脚争辩，即使要在千人大会上被人指责，依然咬牙坚持真相而不屈；因此，她能够为对她发难过的年轻人解囊相助，以德报怨；因此，她才会将下放干校后和丈夫的"菜园相会"当作一味生活的调剂，在清苦中品味出甜美来；因此，她才会在青春时光一点点流逝后以超人的学习天赋去走近一门陌生的语言，在对新知的探索中提升自我、升华境界，也可以在无人问津时将喜爱的翻译事业坚持到底，并自得其乐。

　　我甚至以为她不曾害怕，不曾胆怯，直到看到她写过的那段文字："肉体包裹的心灵，也是经不起炎凉，受不得磕碰的。"要炼成刀枪不入、水火不伤的功夫，谈何容易！如果没有这份功夫，偏偏有缘看到世态人情的真相，就难保不气破了肺，刺伤了心，哪还有闲情逸致把它当好戏看呢？经历了被误解，被嘲弄，经历了下放农村，从事过无数重体力劳动，经历了亲人的离散，看过无数人情冷暖，走过多少坎坷曲折，她幸运能够修炼成一个晶莹通透的人。

　　那么多的磨难并没有让杨绛弯腰低头，却让她的灵魂愈加生动而清澈。因此难免有人以此推测杨绛性格上的精明和圆熟，可是她又如何不是在做着自我节制呢？她的顺应环境只是为了在乱世中隐匿锋芒，她的刚直强硬也是不甘侮辱的正当防卫。她的顺应环境不是人云亦云，随波逐流，只是为了寻找生活的契合点。因为她懂得，韬光养晦、能屈能伸方能孕育智慧，磨炼人的意志。如果说，沦陷上海孤岛岁月的她，只是给自己的窗户挂上了一幔质地轻盈颜色素雅的窗帘，仍愿意留给世人一线神秘的遐想，可是经历了更多的世事后，她终究是给自己披上了一件隐身衣，隐藏在人群中。

　　文学研究所外国文学研究组是杨绛一生职业生涯的最后一站，从 1953 年进入后一直没有离开。她自称，从文学研究所 1953 年成立，到 1978 年改革开放后改属中国社会科学院，25 年间，我是一个零。多年来，她徘徊于组织的边缘地带。外文组集体编写著作，她不得参与，参加文娱活动，没有她的份儿，在评薪定级中也备受排挤，因此她始终自称是一个零。殊不知，一个人拥有随时归零的勇气，骨子里藏着的其实是大自信。只有拥有了这份勇气，世界才能变得更大，人生才能充满希望。她说，一个人不想高攀就不怕下跌，也不用倾轧排挤，可以保其天真，成其自然，潜心一志完成自己能做的事。在茫茫人海里，隐去光芒，消失于众人之中，如水珠包孕于海水之内，如细小的野花隐藏在草丛里，不求"勿忘我"，不求"赛牡丹"，安闲舒适，得其所哉。一个文化人，能够在那样特殊的历史环境中生活过来，还能保存属于自己的性格、尊严以及自由的心灵，靠的正是这种淡泊之心。

杨绛的译注《堂吉诃德》和钱锺书的《管锥编》出版后，他们曾约定各自给对方最后的书签名留念。然而人生的奇妙或许就在于各种未知，尽管此前剧本和译作已给杨绛积累了赫赫名声，但是她或许不知道，较之后来的文学成就，那时创作生涯仅仅算是一个开头。1986年，杨绛开始创作她的小说《洗澡》。

她的心中，早就有一个小说的创作梦。这个梦想曾经影响着她学生时代的选择，也影响了她对职业的选择。少女时期虽然也曾练笔写过几篇为人称道的短篇小说，她的《璐璐，不用愁》甚至被朱自清先生推荐发表，但是，相比那时的"少年不识愁滋味，为赋新词强说愁"，此时已走过大半人生的杨绛，已经历了太多的世事，她的胸中有更多的所见所闻所感，便再次将笔触延伸到了小说领域。也许是胸中有太多的笔墨想要抒发，也许是还要完成那个未竟的少女之梦，她一边照顾家庭，一边开始了她的创作。

《洗澡》以新中国成立后知识分子第一次经受的思想改造为背景，围绕一段男女主人公美好但痛苦的爱情展开故事，描摹了当时知识分子的群像。小说主人公姚宓和许彦成有着相同高度的精神交流，因而彼此吸引。通过小说作者也表达了对"洗澡"的看法，她认为人人需要洗练，但这是个人觉悟，外界的运动于事无补，作为学者型的作家，钱锺书和杨绛夫妇都能够站在一个理性的高度去审视知识分子的命运，剖析知识分子性格的弱点，更多的是对人性本身的特点思考。《洗澡》中的主人公姚宓便是一个极具东方美的当代知识女性，她浑身散发着独特的书香，品格独立，理智深沉。她以独特的资质和独立的品格于不和谐的环境中求生，但她并不做反抗姿态，也不随波逐流，而是穿着一件"隐身衣"，将自己的真实内在掩藏起来，以此于乱世中保全自我。

　　在杨绛的作品中，你经常可以看到那种中西文化的交融和碰撞。《洗澡》中三个小标题"采葑采菲"和"如匪浣衣"取自《诗经》，"沧浪之水清兮"取自《孟子》。杨绛作品的标题经常是某个含意深刻的象征意向或概念，看似随意，实则考究，可见中国古典文学对杨绛的创作影响深刻。在她的许多作品中，随处可见西方文学的典故。这种不经意的流露体现了她中西贯通的学术追求。就连我们的文艺座谈会都在提倡，文艺创作要坚持洋为中用、开拓创新，做到中西合璧、融会贯通，其实，从30 年代在上海写剧本开始，杨绛一直都在自己的创作中践行这样的文艺理论观。

《洗澡》一书出版后，得到了海内外读者、评论家们的如潮好评。文学家施蛰存评论说：《洗澡》是半部《红楼梦》加上半部《儒林外史》。这样的评价虽然有过誉之嫌，但是小说的文学价值和影响力却不容小觑。《洗澡》中的许彦成与姚宓虽然是婚外恋，却典雅唯美，颇似林语堂《京华烟云》中姚木兰与孔立夫之间的那种感情，有一种鼓励、一种欣赏、一种爱慕、一种珍贵的温情，都是婚外的精神之恋，却磊落坦荡，这也许正是作者情感价值观的植入——纵使旁枝侧蔓，仍然纤尘不染。

除了《洗澡》和《干校六记》，杨绛的许多哲学造诣颇高的散文，也都是源于这一时期的经历。有人说，她的《干校六记》悲凉中包含诙谐，《洗澡》则是智趣地描绘了知识分子思想改造的"群像"。杨绛超凡的知性令她看得透人性的缺陷与局限，但她的理解和包容又让她笔下的人物敦厚而温婉。

"自是浮生易漂泊，不因霜露怨蹉跎。"这句出自清朝诗人汪中之手的诗句，恰似杨绛一生的写照。在数不清的风雨相摧后，她没有沉湎于往事的回忆中不可自拔，亦没有抱怨流年的对错，只是将胸中的感悟与智慧诉诸笔端，凝结成一段段诚恳的文字。

如果说少女时期的杨绛是那朵不经风霜、绝世出尘的兰，那么在她的人生有了那么多阅历后，更像一枝凌寒独自开的梅，独钓寒江，临风而咏。有在寒风中绽放的勇气，在冰雪中屹立的风骨。陆游有一首《卜算子·咏梅》的词：驿外断桥边，寂寞开无主，已是黄昏独自愁，更著风和雨。无意苦争春，一任群芳妒。零落成泥碾作尘，只有香如故。梅清洁淡雅，它没有牡丹的富贵，也没有玫瑰的娇艳，可是它有花中气节的高洁、无意争春的低调、清雅出尘的气质、凌寒独自开的骄傲。

人世中的纷争，原是轻若烟尘的，被风一吹就散了。能够永恒的只有山川河流、日月星辰。梅的"不争"，乃是对自然万物的敬畏，更是对寒风冬雪的一份傲骨。这世界浮躁喧嚣，或许我们真的应该以梅为镜，不在春光中与百花争艳，不需要用美丽的颜色装扮自己，拂去心灵的尘埃，用淡泊心看千帆尽过，用接纳的姿态迎繁花盛开。

　　杨绛的作品里经常提到苏东坡，大约她也是将苏东坡视为精神偶像的。她爱读苏东坡的"万人如海一身藏"之句，也企慕庄子所谓"陆沉"，她披上了一件隐身衣，也躲开世俗争名夺利的风雨，坦然享受内心的丰盛。因此，她始终能有自己的一方天地，永远是那么从容不迫。尽管隔着几百年的时光，但是我仍能看到他们在生存智慧上的相似。他们既不逃避世俗，又不与世俗兵刃相接，在与世俗烟火为伍中，既小心戒备，又达观以对。他们在逆境中保存了自己，追逐着志趣，这既是一种生活的技巧，更是一门修身的艺术。

　　人最大的智慧在于，在能够对这世界洞若观火时，仍然能够笑得一派天真。东坡如是，杨绛亦如是！大千世界，芸芸众生，可能做不到苏轼面对大起大落的胜败两忘，但若能读懂杨绛，懂得在命运的波澜中顺水而行，姿态从容，那么对于人生的浮沉流荡，情感的忧伤欢乐，便也能够豁然待之，常怀感恩之心。

第四卷　追逐真理　人淡如菊

卷首：今天我终于到了拥有一种固定的"生活场"的状态，半生的经验告诉你应该怎样生活，怎样的生活才淡雅野趣，这样的生活由我一人营造，在我与天、与地、与书、与时间、与散淡的空气之间构筑的生活场，而这样的生活场必须要有野茶的参与，将饮茶，每一天，我的生活都要由浓到淡地进行下去。

至亲告别

曾几何时，我们以为一生很长，长到可以遗忘所有的悲伤，长到可以继续所有的美好，长到不用去铭记那些可以永恒的瞬间。回头再看，人的一生竟如此短暂，就像不经意做过的一个梦，梦醒之后，斗转星移，年华不再。才猛然警醒，该以怎样一颗心、一种姿态，面对终究会发生的失去。

经历过了大半生的流离，杨绛和钱锺书的生活到了晚年才终于重归平静。他们在书香的陪伴下东篱采菊，漫步西坡，几年光阴一晃而过。在那张照片上，仪态优雅的老人端坐在沙发上，儒雅纵逸的老先生倚坐在沙发扶手上，他一只手自然垂放到自己的腿上，另一只手搭着沙发椅背，像是要给清爽端方的老妻一个依靠，又像是为了拍照做出的一个自然动作。两人都戴一副黑边眼镜，一起笑容灿烂地看着镜头，他们的笑容是那种老有所为的安定和美，是对生活感到称心如意的踏实，相比早年的那些合影，他们的神态里多了一些慈祥幸福的气息。他们笑容的弧度都是一样的，这样的笑容默默地展示着一对夫妻大半生的琴瑟和鸣，能让你想到许多对于婚姻美好的祝福语。这张温暖的生活照拍摄于 1984 年，他们身体无恙，心情舒适。

可是，也许正如杨绛说的，人世间不会有小说或者童话故事那样的结局：从此，我们永远快快活活地一起过日子。人间不会有单纯的快乐，快乐总夹带着烦恼和忧患。1991 年，钱锺书饱含热泪地写下：

愁喉欲断仍无着，春脚忘疲又却回。

流水东西思不已，逝波昼夜老相催。

梦魂长逐漫漫絮，身骨终拼寸寸灰。

底事司勋甘刻意，此心忍死最堪哀。

钱锺书为杨绛写过那么多情意绵绵的好诗，可是没有哪一首比这首更让人倍感颓伤。他的叹息简直肝肠寸断：斩断愁喉，愁思仍是无处安排，春天的脚步不知疲倦地去了又回，我的情丝不断，像流水或东或西；岁月流逝，日日夜夜往老境上推。梦魂常常追逐着漫无目的的飞絮，一身皮囊终会因相思寸寸成灰。为什么杜牧沉迷于伤春伤别？这颗心在无望中抱着希望，最是令人悲哀。

那时，他和杨绛已度过了五十几载的温情婚姻，精神上的高度契合和生活中的相濡以沫已让他们成了一对不可分割的彼此。只是，随着一天天地走向衰老，一颗本来就童真的心，竟也变得愈加敏感。也许，越是因为相知至深，越是倍加珍惜相互搀扶的岁月，害怕哪一天，走散了彼此的缘分。

然而，世间好物不坚牢，彩云易散琉璃脆。

1993 年，钱锺书因输尿管发现肿瘤而住院手术。他在里面做手术，她在外面焦急等待。长达六个小时的手术后，医院取出了肿瘤和一个坏死的肾。手术很顺利，杨绛喜极而泣。住院的两个月期间，杨绛日夜照料。她在照顾病人之余，也了却了自己的一桩心愿。

那年，已80岁高龄的杨绛已经是一个名副其实的老人了，她将父亲杨荫杭在20年代发表于各大报刊的评论文章整理成册，她仍然思路清晰，文采斐然。后来，这本《老圃遗文集》顺利出版，这是杨绛对父亲一生清风正气的纪念，也为今天的法律研究者们提供了一份珍贵的资料。

超负荷的劳动一点点地损耗着老人的健康，丈夫出院回到家，杨绛自己身体却出问题了。

她觉得自己像一杯水，杯子在旋转，水就随着旋转。走路如踩在云雾里，飘飘忽忽，即使一辆汽车驶过，也要随风欲倒。此前的过度劳累对年迈身体的透支，让她真正成了一个弱不禁风的老人。经医生诊断，才知道自己患了冠心病。她知道，这是丈夫最需要自己的时候，她不能倒下。

尽管他们的女儿尽量抽时间看望父母，但是内心坚韧的杨绛体谅工作繁重的女儿，她更愿意自己照顾丈夫的病体。她买了很多中药，每天煎药熬汤。一边小心翼翼地呵护着自己的身体，一边细致地照顾着他的生活起居。她的虚弱看在钱锺书眼里，便是无尽疼惜。曾经她是那么无所不能，当大家庭的儿媳妇时，她能将家庭打理得有条不紊；在思想运动中，能将厕所打扫得干净如新；弃家而逃后，能很快将一间久已无人居住的宿舍收拾得温暖整洁。可是如今，她虚弱的身躯已无法承受更多的重担。她在日记里写下："6月5日，我午后睡得一觉，锺书喜极而泣。8月7日，午后睡着，锺书喜极，谢谢我。"他们对彼此的感恩没有因病痛而转移，没有因日久而麻木，穿过日久天长的岁月，变得愈加动人。

　　但即使老病相催，即使身体孱弱，他们仍不改雅兴。年轻时两个人在一起最常玩的，便是填词猜诗的文字游戏。然而，此时被称为"古今中外文化熔炉"的钱锺书，也早成为别人难以比肩的文学泰斗，甚至是中国文化的一个独特标签。作为世界上最懂他的那个人，杨绛深知钱锺书的作品对于中国传统文化的价值。在杨绛的建议下，钱锺书将写于早年的那些诗作拿了出来，他们要将这些宝贵的作品结成集子，为国学文化做一点贡献，也为他们的人生留下一个更完美的纪念。三里河的居所里，红袖添香的温馨情景再次上演，两个人开始了艰难的工作，他们一个人逐字推敲，逐句修改，一个人逐段审阅，逐篇誊抄。正是"梦魂长逐漫漫絮，身骨终拼寸寸灰"。

两个耄耋之年的老人，一边吃药调理身体，一边劳
神费力地工作，或许只为此生多做一些贡献，少留一个
遗憾，她要在思想老去之前，为保存他的才华和成就再
做些什么。她头晕目眩，经常看错行，写错字，但是有
些事，是用心血才能做成的，《槐聚诗存》就这样诞生了。

　　诗集选定又抄完后，他们都为共同做成这样一件事
而喜悦感动。钱锺书拉起杨绛的手，说出了那句动人的
情话：你是最贤的妻，最才的女。他一生给她写过无数
暖意绵绵的情书和辞藻典雅的诗作，但是唯独这一句白
话说得最让人动容，这是她用一生换来的评价，是一个
丈夫对妻子从品德到才华的最全面肯定。有人说，婚姻
如人饮水，冷暖自知，钱锺书与杨绛共度一生，他对她
的高度肯定便是他们一生婚姻幸福的佐证。如果说这世
上有所谓的完美，杨绛作为最完美的妻子当之无愧。

　　他本来还想牵着她的手一起再共同生活十年，可惜
天总不能遂人愿，再圆满的宴席也要散场。1994 年钱锺
书再次重病住院，却不知，这一病就再也没有好起来，
更让她应接不暇的是，女儿钱瑗也于两年后因腰疼住进
了医院。那真是杨绛的多事之秋。她一生经历过那么多
的困难和挫折，却从未像这次如此的悲伤无助。如果说

以往那些困难都能让她哀而不伤的话，这一生命无法承受之重却几乎耗尽了她的气力。

我们甚至想象不到她是怎么度过那些岁月的。她只是一个人，以85岁高龄在两个医院之间来回奔波。既要做各种有营养的食品给丈夫送去，又要去看望日渐衰弱的女儿，做他们之间传递消息的信使。80多岁的她该是多么疲惫啊！

突然想起现代婚礼上那个永恒的瞬间，你是否愿意做他（她）的妻子（丈夫），你是否愿意无论是顺境或者逆境，富裕或者贫穷，健康或者疾病，快乐或者忧愁，你都将毫无保留地爱他，对他忠诚直到永远？也许无一例外，所有的回答都是"我愿意"。他们的婚礼上想必没有这样的环节，然而他们都做到了。

据说钱锺书手术后无法进食，只能鼻饲。她尝了医院为钱锺书准备的饭食后，发现有猪肝和豆粉味儿，颇懂营养学的杨绛知道这些都是病中的丈夫所不宜吃的。为了他吃得足够有营养，80多岁的她向医院请求丈夫的这一份她要自己做。

准备鼻饲饭食是一种非常费神的事，但是她做得一丝不苟。她做鸡肉蔬菜泥，炖各种汤，两种蔬菜或炒或煮，鸡胸肉要挑得一根筋都没有，鱼肉更是不能带一根刺。她还在中医的指导下做各种有药补作用的饮料。保姆有事辞职后，她一个人去商场采购各种食材，拎着菜篮，往返要走很长的一段路途。我们分明看得到，在回家的漫漫长路上，一个踽踽独行的苍老背影是怎样的身心俱疲。

她认真地料理着这些食物的时候，心里在想些什么？是不是想起她从医院坐完月子回家后的那天，他端上桌的带着嫩绿豆瓣的鸡汤，还是1972年的早春，他们从干校回到北京后不久的一天，满面得意地端上她爱吃的猪油年糕，为了做早餐，他第一次学会划火柴……一个连鞋带都系不好的人，却愿为她亲手做羹汤，因此她倍加感恩。而她，也懂得宽容他的笨拙，心领神会他的改变。都说他们的琴瑟和鸣的秘密来自俩人品貌的相当、灵魂的契合、学识的对等。其实，学会付出，懂得感恩，大概才是他们一生婚姻幸福的根基。

那是常人无法承受的生命之重，杨绛却唯有独自承受，就像这世上的芸芸众生一般，她也曾像一只陀螺，被生活的鞭子抽打着旋转不停，他们沦陷上海期间，一边在家辅导女儿功课，一边做灶下婢支持丈夫创作，还能将自己的一份工作打理得井井有条，名利双收，享受为生活的一衣一食付出的充实。如果说生活的劳累对她尚且不值一提，那么看着心爱的人生命的流逝，心灵的煎熬却是何其残酷。

杨柳又变成嫩绿的长条，又渐渐变黄飘落，驿道上又落叶满地，一棵棵杨柳又变成光秃秃的枝干。一个被称为二三百年才能出现的天才正在陨落。她每天上午去医院探视，眼看着他一天天虚弱，以前两人见面总说说话，后来钱锺书无力说话，就捏捏杨绛的手，再后来只能用眼神交流了，充满情谊的对视，于彼此也是莫大的安慰。她还要忍着悲痛，在父女俩之间传递消息，做这个家里的精神支柱。

311是钱锺书住过1600多个日夜的病房，在这间病房里，充满了杨绛的回忆。她每天上午都要去医院陪伴他，风雨无阻。看着他的生命一天天走向衰弱。"我摸摸他额上的温度正常，就用自己的手绢为他拭去眼泪，一面在耳边轻唤：锺书，锺书……阿圆乖乖地挨着我。他立即睁开眼，眼睛睁得好大。没有了眼镜，可以看到他的双眼皮双得很美，只是面容显得十分憔悴。""他的双眼皮双得很美"这一句话真是让人怦然心动。我们原本以为，当皱纹爬上脸孔，相爱的人们早已只能深爱彼此的灵魂，我们原本以为，当人久卧病榻，容颜的美丑早已无人细致端详了。其实我们错了，相爱的人会一直相爱，即使容颜老去。额前的白发、松懈的皮肤以及双眼皮的褶皱，都是爱人眼中的风景。他们一起度过了63年的漫长岁月，她与他比赛读书，比赛做学问，他们的灵魂站在了完全平等的高度，那是她想要的爱情。她一直在实现着自己生活的理想，过自己理想的生活。

突然想起叶芝的那首诗："当你老了，头发白了，睡思昏沉／炉火旁打盹，请取下这部诗歌／慢慢读，回想你过去眼神的柔和／回想它们昔日浓重的阴影／多少人爱你青春欢畅的时辰／爱慕你的美丽、假意和真心／只有一个人爱你朝圣者的灵魂／爱你衰老了的脸上痛苦的皱纹……"

时光最不留情，走过之处，总会留下浓重的阴影，带走了年轻的容颜，带走了蓬勃的青春，在曾经平滑的脸上刻下了衰老的皱纹，但是，时光也是最忠诚的，唯有时光能够验证爱情，也只有经过时间的千锤百炼，爱情才能更加坚定不移，有如磐石。

其实，爱又何需计较，豁达纯粹的爱从来都是不问得失、不计成本的，对于真正懂得的夫妻，谁爱谁更多一点，或许早已不再重要，凭杨绛的坚定和大气，注定会坚定守望自己的幸福，连同这悲喜交织的人生也一手掌控。面对缠绵病榻的丈夫，同样年迈体弱的她藏起了自己的脆弱和悲痛，说的话依然掷地有声："锺书病重，我只求比他多活一年，照顾人，男不如女，我尽力保养自己，争求'夫在前，妻在后'，错了次序就糟糕了。"女儿病情危急，家人担心年迈的母亲受不了打击，带着医生向她报告钱瑗的病情，她也极其镇静地接受了。

女儿入院后，因担心杨绛年事已高，又得照顾病重的丈夫，没有人敢向她吐露实情，直说是骨结核，她也只当女儿是旧疾复发，在医疗条件尚不发达的年代，是她曾用浓浓的母爱治愈了女儿的病，一向乐观的她一定也相信这次也会很快康复。钱锺书入院已两年有余，以她的心地澄澈，不会不知道丈夫恢复健康的希望渺茫，她只希望能够与女儿依偎相守，共度余生。只是没想到打击来得如此突然，她唯一的女儿，让她一辈子牵肠挂肚的女儿，她生平最为得意的杰作，就这样从她身边走了。

"她鲜花般的笑容还在我眼前，她温软亲热的一声声

'娘'还在我耳边，但是，就在光天化日之下，一晃眼她没有了，就在这一瞬间，我也完全醒悟了。"她多次形容女儿的笑容"如鲜花般"，那是每一个母亲最手到擒来的表达，也是最直观的感受，无论是诗书满腹，还是目不识丁，女儿的笑容，在母亲眼中大概都是一样的灿烂。

那一定是她一生中最悲痛的时刻。那种心痛到麻木的感受简直无法用语言形容，她只好用镜头般的语境表达了当时的心碎："我的手撑在树上，我的头枕在手上，胸中的热泪直往上涌，直涌到喉头。我使劲咽住，但是我使的劲儿太大，满腔热泪把胸口撑裂了。只听得啪嗒一声，地下石片上掉落一堆血肉模糊的东西。迎面的寒风，直往我胸口的窟窿里灌。我痛不可忍，忙蹲下把那血肉模糊的东西揉成一团往胸口里塞……"

时光穿梭回 60 年前，那时她初做母亲，便失去了自己的母亲，在国外得知母亲离世的消息，她悲苦得不知如何是好，"只会恸哭，哭个没完，锺书百般劝慰，我就狠命忍住。我至今还记得当时的悲苦。但是我没有意识到，悲苦能任情啼哭，还有锺书的百般劝慰，我那时候多么幸福。"

可是此刻，她业已失去了尽情啼哭的资格，那个曾经宽厚温存的书生的肩膀，也已不再能为她遮挡人世间的凄风苦雨，女儿走了，可是她依然要用羸弱的身躯为他撑起一个家。那是 1997 年，那一年香港回归祖国，普天欢庆。女儿像一朵早凋的花，在她的人生和事业最美绽放的时期，便以最沉默的姿态飘入泥土。作为知识分子中的佼佼者，作为一个治学严谨的教师，作为一门新学科"英语文体学"的开创者，她带着对母亲的眷恋，带着对学生的热爱，带着对事业的追求，在睡梦中安然离去。可是，她还有许多尘世的情缘未能来得及了断，她所任教的北师大外语系的师生们舍不得她，将她的骨灰带回校园，埋在她每天都要走过的一棵雪松树下，这个将一生都奉献给教育事业的女子，从此长眠在这里。

生活的操劳不曾消磨杨绛的情志，政治的磨难也不曾压弯她的脊梁，但是女儿的离开和丈夫的垂危让这个从来没有轻言悲伤的老人感到了某种无力，她是有些不堪重负了。不知道从哪一天起，走在去医院的路上，她脚步已经不再轻盈，心也更加沉重。

"这时候，我的梦已经像沾了泥的杨花，飞不起来。我当初还想三个人同回三里河，自从失去阿圆，我内脏受伤，四肢也乏力，每天一脚一脚在驿道上走，总能走到船上，与锺书相会。他已骨瘦如柴，我也老态龙钟。他没有力量说话，还强睁着眼睛招待我。我忽然想到第一次船上相会时，他问我还做梦不做。我这时明白了。我曾做过一个小梦，怪他一声不响地忽然走了。他现在故意慢慢儿走，让我一程一程送，尽量多聚聚，把一个小梦拉成一个万里长梦。这我愿意，只是，送一程，说一声再见，又能见到一面。离别拉得长，是增加痛苦还是减少痛苦呢？我算不清。但是我陪他走得愈远，愈怕从此不见。"

那是钱锺书住院卧床后的第四个年头，杨绛深知，离别之时就像一个即将揭晓的谜底，在那个时刻到来之前，她便要享受每一刻陪伴的幸福。花开花落，聚散有时，通透澄澈如杨绛，她知道告别的那一天终会到来，因此她倍加珍惜着他们这一生最后的相聚时光，尽管他们已不能再一起读书填词，亦不能一同吟诗作对，但是这样的含情凝睇两相望，亦是对时光的慈悲与感恩。聚散有时，谁都无法掌控生命的长度，唯有在有生之年温柔相待。

1998年冬天，一代文学大师钱锺书去世，巨星陨落，寰宇同悲，然而最悲痛的莫过于杨绛。尽管她将一个小梦拖成了万里长梦，但终究会有梦醒的一刻。那一刻来临时，妻子表现得比常人更加冷静和从容。她趴在他耳边轻轻地说："你放心，有我呐。"——就像她这一生中无数次对他说过的那样。在他们曾经无话不谈的交流中，那是不是最让他感到安心和依赖的承诺呢？

他每次闯了祸，她的"你放心，有我呢"从来都让他化险为夷。她是那么刚强有力，什么困难都难不倒她，而这一次，他闯的祸是把她一个人丢在了人间，独自"回家"了。她说"你放心，有我呢"到底含了多少层含义？

按照先生生前遗愿，他希望葬礼一切从简。送别钱先生的现场没有花圈，也没有哀乐，大多数人也没有戴黑纱。那天，在送别亲友的注目下，杨绛将一小篮紫色的勿忘我和白玫瑰放到了丈夫的身体上，安静地与他作别。她懂得他不喜欢一切世俗的事物，这篮勿忘我和白玫瑰，于她，是不是也有某些特殊的寓意？我不知道，只是从那一刻起，我们知道她已真正地刚强了。无欲则刚。尼采曾说，自从一股逆风袭来，我已能抗御八面来风，驾舟而行。

有人说，人生不过就是一个减法，要懂得学会丢弃那些我们不想要的，才能得到想要的，所谓舍得，不过如此。然而岁月是个神偷，它最终会将你所有想要和拥有的一切慢慢偷走。那些在人世间走散的亲情，那些在时光里丢失的信物，那些随风飘散的诺言，无一能够永驻。当往事在心头一一掠过，记忆在流年的风轮上悠悠转去，逝去的光阴，转瞬的流年，都成为永远回不到的过去。告别了女儿和丈夫后，杨绛心中的家也轰然坍塌。"我清醒地看到以前当作'我们家'的寓所，只是旅途上的客栈而已。家在哪里，我还在寻觅归途。"

三里河寓所成为她精神生命中的客栈。她在这个安静的客栈里，继续着未竟的使命。她要把丈夫一生孜孜不倦积累的知识保存下来，传承下去，以期给历史留一份有用的遗产。她做的第一件事便是将钱锺书 20 世纪 30 年代到 90 年代的中外文笔记整理成文。那些尘封已久的书稿多达 7 万多页，这些伴随着主人走过风雨岁月的手稿涉猎题材广泛，数量庞大，内容丰富。她在那些业已发黄的纸张里辨认着熟悉的字迹、文字，让他们二人的灵魂再次相遇。《钱锺书手稿集》的面世，杨绛功不可没。

在杨绛看来，痛苦是无法超越的，只有逃避。或许，她只有让自己进入忘我的工作状态中，才能够暂时逃离那些刻骨铭心的痛苦。在和丈夫文字的交流对话中，她才能焕发生活的热情。她称这些工作为"打扫现场"。她不负那句"你放心，有我呐"的承诺，60几载的相扶相守后，他们在人间走散了。她已然从一个美丽动人的红颜少女变成了一个安静娴雅的老人，唯一不变的是对他的一诺千金的担当。或许生命的意义，不会因为躯体的存灭而有所改变，至少于杨绛来说，家散了，爱却仍然让他们心手相牵。

钱锺书去世后，钱瑗的朋友去看望杨绛，一进门还没说话，只见杨绛孤身一人，来者为她难过不已，抑制不住地大哭起来。没想到杨绛反拉起她的手，让她坐到沙发上，说："你比钱瑗小四岁吧？傻孩子，我都挺过来了，你还这样哀伤？你不懂呀，如果我走在女儿和锺书前面，你想想，他们两个受得了吗？所以，这并不是坏事，你往深处想想，让痛苦的担子由我来挑，这难道不是一件好事吗？"安慰人者反被安慰，来人不免自愧弗如。

历经生活甘苦的杨绛早已懂得，有些痛苦总是难免，与其呐喊与倾诉，不如默藏于心底。失去两位亲人后，杨绛将内心的痛苦认真地折叠打包，开启了她生命中另一段充满禅意的旅程。

2003年，杨绛的写实作品《我们仨》出版问世，尽管悲痛始终都掩盖在爱的光环之下，但是那些描写女儿和丈夫住院弥留之际的文字读来却是字字带泪。也许那段记忆太过伤痛，以至于时过境迁后，她仍无力面对。因此，只能将往事化作了一个虚虚实实的梦境，完成了对那段寒凉人生的记录。这本写尽了对丈夫和女儿绵长爱意和深切思念的书籍曾经感动了无数读者，让人们在感动之余深谙爱的真谛、家的温暖。那时她已是90多岁高龄，像所有的老人一样，回忆成了她生活的一部分。家中的一桌一椅、一花一物都按照以前的位置摆放，在与旧物的陪伴中一遍遍重温过去故事的片段，也试图在旧照片的摩挲中亲近故人远去的气息。

他们的这一世情缘，就此在人间失散，但是他们的故事，却为世间多少人感动不已。20多岁，他和她以诗书结缘，立志读遍世界书，为了照顾他的生活，她毅然中断学业，陪他走出国门，多国求学；30多岁，她和他一起面对生活的艰辛困苦，他们在沦陷的上海艰难度日，梦想并未沦陷，为了让他安心写作，她默默地承担起了所有的家务；40 多岁，他们一起共育桃李，贡献学识；50 多岁，他们在政治风浪中清者自清，抱团求生，为了维护丈夫的清白，她敢跺着脚奋力辩驳；60 多岁，他们离开家到干校求生，每天"菜园约会"情意绵绵；70 多岁，他们安静守望，一起著书立作；80 多岁，他体弱生病，她在医院照顾，不离左右，无微不至；90 岁，她一个人坐在他们最后的居所里，回忆一起走过的一生。这个在事业上成就卓著的知识女性，用她一生的经营给人们提供了一个美好婚姻的范本。

杨绛曾说，我是一位老人，净说些老话。对于时代，我是落伍者，没有什么良言贡献给现代婚姻。只是在物质至上的时代潮流下，想提醒年轻的朋友，男女结合最最重要的是感情和双方互相理解的程度。理解深才能互相欣赏吸引、支持和鼓励，两情相悦。夫妻间最重要的是朋友关系，即使不能做知心的朋友，也该是能做得伴侣的朋友或互相尊重的伴侣。门当户对及其他，并不重要。

也许，大部分的女子，都渴望拥有一份现世安稳的陪伴和心安理得的依靠。可是读懂杨绛，你会发现，或许当一个女人的内心足够坚定大气，她便不再对婚姻中的微小得失放在心间，她会用自己的包容和付出，去成就和塑造所爱的那个人。所以，纵然这个成就斐然的女子在学识上有再多的贡献，在丈夫的事业成就面前，也会甘愿将自己默默归零。

《钱锺书手稿集》的面世，杨绛也完成了她的一个心愿。她知道，只有她，能够帮他完成那些未竟的梦想。一别经年，杨绛在三里河寓所里，一个人守望着曾经的三人围城。她会在洒满阳光的开放阳台上观花开花谢，看日出日落，看窗前绿树枯了又荣，看喜鹊筑窝，看倦鸟归巢，为花木的开谢和鸟儿的聚散悲喜感伤。只是，月明星稀的夜晚，她又多了一份难以排解的清愁。她只好再次遁逃到书中，在那里，她试图去探寻关于爱的秘密和人生的答案。

一寸相思千万绪，人间没个安放处！

笔耕不辍

有人说，女人是一杯酒，岁月是最好的酿酒师，伴随着时间的发酵，她的韵味也会不断积累而愈加幽香弥漫。即使青春不再，味道却愈加醇厚。年逾九旬之后的杨绛，岁月的积淀赋予她和婉的智慧光华，让她满身都散发着岁月沉淀的浓香。而她用这一生的智慧积淀，将自己的创作事业推向了另一个巅峰。在把丈夫钱锺书 7 万页的笔记整理成 178 册英文笔记和 20 卷中文笔记分别出版后，她又翻译了一本《斐多》，写了一本散文集《我们仨》，甚至在 96 岁时又出了一本哲学水准极高的散文集《走在人生边上》。她以惊人的创作生命力突破了写作者的年龄局限，成为活到老、写到老的光辉典范。

她从来不想成为传奇，可是仍以百岁高龄坚持写作的事迹成为一个不朽的传奇。其实，坚持写作或许只是她逃避痛苦的一种方式，就像她所有作品都是即兴而写的一样，也许坚持本身也并不值得骄傲，但作品的价值才是写作者实力的体现。显而易见，她的那些高居销量榜前列的作品，不似那些读过一遍就食不知味的快餐畅销书，而是绝对可以细嚼慢品的经典著作。

谁念西风独自凉？萧萧黄叶闭疏窗，沉思往事立残阳。被酒莫惊春睡重，赌书消得泼茶香，当时只道是寻常。也许，我们只有在经历过失去后，才知道拥有的可贵。杨绛用一生完成了一个不离不弃的承诺。剩下的时光，她唯有用文字道尽流年。

我想，杨绛在三里河驿站的独居时光应该是充满禅意的，除凭窗而立观四季变幻或捧书静坐外，她用大量的工作将时间填满，甚至没有时间寂寞。她在用笔墨的不断的表达中一次次完成了对痛苦的救赎。也许是思虑过甚伤了神志，也许是年迈体弱不敌风寒，2005 年春节，她因身体小恙住院治疗。躺在医院病床上，她并没有停止对生死命运的诸多哲学思索。回到家后，她在稿纸上写下了《走在人生边上》这个标题。这本书本是由杨绛为钱锺书编订的第一个集子，杨绛此次提笔，给这个集子加入了新的注解，探讨了有关生与死、灵与肉的斗争和统一以及修身之道和人生的价值等问题，是一个务实而理性的女性感性认知的浓缩精华。

哲学家周国平在为该书写推荐语时说："这位可敬可爱的老人，我分明看见她在细心地为她的灵魂清点行囊，为了让这颗灵魂带着全部最宝贵的收获平静地上路。"他说，我无法不惊异于杨先生的敏锐，这位96岁的老人实在比绝大多数比她年轻的人更年轻，心智更活泼，精神更健康。尤其是《温德先生爬树》《劳神父》《记比邻双雀》诸篇，都是大手笔写出的好散文啊！尼采有言：句子的步态表明作者是否疲倦了。我们可以看出，杨先生在写这些文章时是怎样地好学不倦，精神饱满，兴趣盎然，遣词造句、谋篇布局是怎样地胸有成竹，收放自如，一切都在掌控之中。

有人说，喜欢这本书不是因为她的文笔和故事，而是我相信一个96岁老人对人生的参悟。正如周国平说的，杨绛96岁开始讨论哲学，她只和自己讨论，她的讨论与学术无关，甚至与她暂时栖身的这个热闹的时间也无关。她讨论的是人生最根本的问题，同时也是自己面临的最紧迫的问题。她是在为一件重大的事情做准备。走到人生边上，她要想明白留在她身后的是什么，前面等着她的又是什么。她的心态和文字依然平和，平和中却有一种令人钦佩的勇敢和敏锐。她如此诚实，以至于经常得不出确定的结论，却得到了可靠的真理。

通读《走在人生边上》，仿佛走近一个普通人的心灵史，杨绛说，我试图摆脱一切成见，按照合理的规律，合乎逻辑的推理，依靠实际生活经验，自己思考。我要从平时不在意的地方，发现问题，解答问题；能证实的予以肯定，不能证实的存疑。这样一步一步自问自答，看能探索多远。好在我是一个平平常常的人，无党无派，也不是教徒，没什么条条框框干碍我思想的自由。而我所想的，只是肤浅的事，不是专门之学，普通人都明白。

她还翻译了柏拉图对话录之一的《斐多》。她说，她是在试图做一件力所不能及的事，投入全部心思而忘掉自己。她在《后记》中说，"我是按照自己翻译的惯例，一句句死盯着原译文而力求通达流畅。苏格拉底和朋友们的谈论，该是随常的谈话而不是哲学论文或者哲学座谈会上的讲稿，所以我尽量避免学术语，努力把这篇声称有戏剧性的对话译成如实的对话。"杨绛的通俗易懂的翻译让高高在上的哲学走下了神坛。有学者说，在西方文化史上，苏格拉底第一个发现了个人良知，而在中国，杨绛先生的译文第一次让普通人走近了苏格拉底。

文章千古事，得失寸心知，这对于一个以写作超越痛苦和虚无的百岁老人来说，恰如其分。她愈是不刻意写什么，愈是读来珍贵。有人说，杨绛"自分"不是专业作家，只是业余作者，全部作品都是"随遇而作"。但正是因为"随遇"，伴随着对人生、对生命、对人间情感的思考、总结和表达。这些作品才不随时代风尚，无意雕琢附会。

或许正是由于她的这种超脱，使她的作品里有一种淡泊宁静的气质，原以为，当人生经历千帆过尽，心灵的海域重又恢复了风平浪静，对世事只怀一份微涩的清愁时，笔下的意境也多了几份寒凉。仿若李清照的"物是人非事事休，欲语泪先流"的悲凉，又仿若蒋捷的"悲欢离合总无情，一任阶前点滴到天明"的落寞……可是杨绛，只是"低眉信手续续弹，说尽心中无限事"，在文字中竟没有过多个人情绪的流露，更不提一个伤字。

杨绛不沉沦于哀伤，也不发出无病呻吟的忧烦，却对他人的生存有着特殊的关注。在她的文字中多有写底层人的篇章，如《老王》《顺姐的自由恋爱》《阿福和阿灵》等。她写和老王平等相待的交往，对弱者的慈悲让人感受到人性的温暖。她也写和保姆顺姐互帮互助的故事，对旧式女性的命运满怀同情。杨绛和保姆顺姐的生活曾经紧密地交织在一起，了解了顺姐的不幸生活后，她收留顺姐在她家吃早饭，帮助顺姐保管银行存单，帮她打官司保住家产，帮她治病……顺姐对她也是以诚相待、肝胆相照。60年代，同一大院的极左人士让顺姐写杨绛的大字报，顺姐一口回绝，她说写别的太太都可以，就是这个太太她不能写，并举出了各种原因，在杨绛的头发被剪短后，顺姐耐心地为她修剪头发，困境中的相依相偎，让这两个出身背景、学历见识、思想观念各不相同的女人建立了纯洁而感人的友谊。她们的友谊一直维持到顺姐离世。顺姐重病后，92岁高龄的杨绛带了许多礼物和一台小型榨汁机前去看望，她们最后一次见面，杨绛塞了一方绣花手帕到她的手里留作纪念。

　　古代女子义结金兰也称"手帕交"。我知道，在古代的中国女子心中，手帕不仅是一种随身携带的物品，更是一种特殊的信物，一种心思的寄托。手帕是体己而温暖的，又是私密而含蓄的，里面装着的或许就是女儿家的心事，一块小小的手帕，也许是寄托某种相思，也许是传递某种情感，相赠手帕是古代戏剧中最常有的情节，似乎它只属于崔莺莺、林黛玉这种处于青春妙龄的大家闺秀。然而耄耋之年的杨绛仍然能有如此细腻的心思，让人在感动之余不由得仰止叹息，原来即使红颜老去，也可以保留一份内心的精致，即使光阴逝去，也仍有一丝少女情愫流淌于心间。那份绣花手帕里藏着杨绛一种心灵态度，一种即使老去，也依然关注细节、热爱生活的精神力量。

《回忆我的父亲》写到深爱的父母的安葬时，她平静地说："多谢他们已经把墓碑都砸了。但愿我的父母隐藏在灵岩山谷里早日化土，从此和山岩树木一起，安静地随着地球运转。"在《丙午丁未年纪事——乌云与金边》一文中写道："我给默存找出一块长方的小木片，自己用大碗扣在硬纸上画了个圆圈剪下，两人各按规定，精工巧制；做好了牌子，工楷写上自己一款款罪名，然后穿上绳子，各自挂在胸前，互相鉴赏。我们都好像爱丽丝梦游奇境，不禁引用爱丽丝的名言'curiouser and curiouser！'"这些表达甚至会让你忘记故事底色的灰暗，简直忍不住会心大笑。

在杨绛的作品中不难发现，她从未停息过对人性中善的寻找。有一次她手上扎了个刺，有一个女同志很尽心地为她挑出了刺，她将此事记在心间。在北京建筑地道的时期，每个人要做砖300块，她没有办法，只好向一位曾监管着她的小将求救，用300块砖换打一套毛衣，对方和她换工，为他做了砖，却体谅她上了年纪不肯要她打毛衣……这些事情一直温暖着她的心灵，让她对人性的善良一直保持着一份信赖。

今天的文艺界，人们呼吁应该用现实主义精神和浪漫主义情怀观照现实生活，呼吁用光明驱散黑暗，用美善战胜丑恶，让人们看到美好、看到希望、看到梦想就在前方。作为一个思想自由的文艺创作者，杨绛的这种文艺情怀一直都在那里悄然绽放。

我常常想，她这一生过得实在太充实，遇到的困难和挫折比许多人都要多，这些辛苦放在一个那么柔弱的女子身上都是莫大的考验，她太有理由抱怨了，可是她只选择了一笑而过，她经历过的委屈有那么多，可是她只记住那些快乐的事。她像一株向日葵一般，只微笑着迎向有阳光的那一面。

也许是自小成长于自由宽松的家庭中，受父母影响，也许是国外的游学经历，形成她不拘一格的精神气质，她似乎永远在跟随着自己的内心做取舍。就像她从来不会在着装上跟风一样，她在写作题材的选择上也别具一格。和许多作家不同，杨绛的创作基本上都是远离时代主旋律的。抗战中她在沦陷的上海写了几个喜剧；内战爆发后，她又集中关注小人物的生活状态和命运挣扎。在知识分子的呼喊声中，她却独自诙谐幽默地回忆了一些往事。也许正是因为这种游离于时代主流之外的眼光和角度，让她能够更加冷静地在作品中注入客观思考，而不是为写而写。她对世界的宽容和温和让她的作品充满了人性的力量。她将身边琐事信手拈来，娓娓道来，也时而调侃，不事华丽，于朴素中处处见繁华，于平淡中处处见锦绣。

她在《镜中人》一文中写了一位曾经在她家做过保姆的女子郭妈，郭妈由于人生得丑，刚结婚就被丈夫休掉了，第一次见面，杨绛就被她的长相吓得连忙躲开了眼睛。"钱锺书曾说，对丑人多看一眼是对那丑人的残酷，我却认为对郭妈多看一眼是对自己的残酷，她长得

实在太可怕了：梭子脸，中间宽，两头狭，两块高颧骨
夹着个小尖鼻子，一双肿眼泡；麻皮，皮色是刚脱了痂
的嫩肉色；嘴唇厚而红润，也许因为有些紧张，还吐着
半个舌头；清汤挂面式的头发，很长，梳得光光润润，
水淋淋地贴在面颊两侧，好像刚从水里钻出来的。她是
小脚，一步一扭，手肘也随着脚步向前伸。"她用这样
的语言描写郭妈，一个长得奇丑无比的女人便栩栩如生、
跃然纸上了。郭妈不仅人长得丑，灵魂也不见得多美，
买菜克扣菜钱，如果加工钱的要求得不到满足，就给主
人脸色瞧，还要摔碟子、摔碗嘟嘟囔囔。即使主人病了，
也从来不闻不问。有一次她生病了，杨绛给她端去一碗
粥，从此她态度大为改变。"她感谢我给她喝粥汤，我怜
她丑得吓走丈夫，我们中间的感情是非常微薄的，她太
欺负我的时候，我就辞她，她就哭，又请人求情，我又
不忍了。因此她在我家做了11年，说实话，我很不喜欢
她。"这是杨绛的风格，她不喜欢谁，就直抒胸臆地表
达，不加伪饰，也不故作崇高，她坦言和郭妈感情淡薄。
同是保姆，她与顺姐是女人和女人之间平等的情感以及
真诚的同情，基于顺姐的勤劳、朴实、能干以及自强不
息，还有对她真挚的依赖和关怀，她们成了最体己的挚

友，对郭妈，则多了一些毫不掩饰的讽刺。

郭妈大概认为自己长相还不错，因为杨绛发现她对美丽的标准定得很高。有一次她嘲笑某太太长得丑："一双烂桃眼，两块高颧骨，夹着个小鼻子，一双小脚，走路扭搭扭搭。"杨绛吃惊地看着她，心想，这不是你自己吗？郭妈还总是模仿主人的样子装扮自己："我们家住郊外，没有干净的理发店，锺书和女儿央我为他们理发，我能理发。我自己进城做个电烫，自己做头发，就可以一年半载不进城。我忽然发现，她的'清汤挂面'也改成和我一样的卷儿了。"

郭妈擅长裁剪缝纫，但是每次给主人做完衣服都要另收一份钱，杨绛也并不计较，还把不穿的衣服送给她。能多年雇用一个自己并不喜欢的保姆，恐怕是因为她懂得人和人之间虽无尊卑贵贱之别，但终归人的生存各有不易，相处之道应保持"和而不同"吧。因此她说：镜子里的人，是显而易见的，自己却看不真。一个人的品格——他的精神面貌，就更难捉摸了。大抵自负是怎样的人，就自信为这样的人，就表现为这样的人。他在自欺欺人的同时，也在充分表现自己。这个自己"不镜于水，而镜于人"。别人眼里，他照见的不就是他表现的自己吗？

　　照镜子可以照见自己的相貌，如果这人的脸是歪的，天天照镜子，看惯了，就不觉得丑了。丑人照镜子，总看不到自己多么丑，只看到别人所看不到的美。自命潇洒的帅哥，照不见他本相的浮滑或鄙俗。因为我们镜子里的"镜中人"总是自己心目中的"意中人"，并不是自己的真面目。面相尚且如此，何况人的品性呢？每个人自负为怎样的人，就以为自己是这样的人。每个人都不同程度地自欺欺人，这就是所谓的妥协。孔子常常说："不患人之不己知，患不知人也。"我还要进一步说，患不自知也。相比在《老王》中对老王的同情，在《顺姐的自由恋爱》中对顺姐的依恋，杨绛对郭妈的讽刺也丝毫未留情面。

　　或许正是因为她懂得人作为自然界智慧最高的生灵，对自身的认识往往流于片面，所以才不断地反省，不断地发问，体现在她的作品中，往往充满了更多关于人性和哲学的思考。尤其是她的散文，适度的分寸感让行文更加优雅精美，文字又于平淡自然中充满无限韵味。有人说，她把毕生的生命感悟和毕生的审美追求，都在行文的宁静淡泊中自由挥洒，她的性格中具有一种对自我力量有限把握的理智，也有一份不肯随俗俯仰的矜持。于是她选择了迥异于他人的风格出现于文坛，从而获得了属于自己也属于文坛的独特价值。

从机智幽默的剧本《称心如意》《弄假成真》，到《洗澡》，再到哀而不伤怒而不怨的《干校六记》，及至至痛无声的《我们仨》，以及充满哲思的《走到人生边上》，所有繁华和苦难都已成过眼云烟。都说文如其人，读杨绛的那些文字，我们绝看不到一丝的矫情与伪饰，她从来没有锋芒毕露，但是我们能够看到于平淡中透出的光芒，看到不动神色的睿智。她既能在深闺中与诗书相伴，又能在尘世中与烟火共处。她既懂得享受生活馈赠的种种幸运，用智慧超越命运的困顿，更甘愿为事业献身。因此，她无论处于顺境或逆境，无论在朝霞满天或者夕阳晚景，都能以一颗柔软的心坐观云起，笑看落花。

让许多人望尘莫及的是杨绛能够在不同人生时期在不同的创作领域上大放异彩，在我们这个文明古国里，这样文史留名的文学全才也并不多见，如苏东坡，在诗、词、赋、散文方面都有极高成就一样，杨绛在剧本、小说、散文、译作中的成就足以让她成为文坛一道别样的风景。

许多人都说，杨绛完全可以享受盛名而不再作为，但她从来没有停止思考，一直笔耕不辍。她早已将自己一生的意义，寄托在读书和写作中。早在 2004 年，人民文学出版社就曾推出了《杨绛文集》。2014 年，杨绛在迎来 103 岁生日后，记录她 80 余年创作生涯的九卷本《杨绛全集》也相继出版，较之前的文集，又多出来 20 万字，这十年来，杨绛一直不曾放下手中的笔。其中，她 98 岁后为长篇小说《洗澡》所写的续篇更是引发了读者广泛的关注。

在《洗澡》中，姚宓的父亲姚謇是一所大学的教授，抗战胜利前，姚謇心脏病突发去世，姚太太因受打击也中风瘫痪，一病不起，留下独生女姚宓，为了给母亲治病，姚宓拒绝了未婚夫一同出国的要求，并与其分手，辍学到文学研究所图书馆做管理员。母女二人相依为命。姚宓看不惯文学所里一些知识分子的虚伪甚至是恶俗，不屑与他们同流合污，为了更好地保护自己，她经常要收起少女的纯真，在同事们面前表现得老成持重。

许彦成是一个聪敏的知识分子，读大学的时候，由于人品正直、才华出众，被富商家的小姐杜丽琳看中，年少懵懂的他在家庭的压力下，和杜丽琳结了婚。婚后两人出国留学，回国后又一起分配到文学研究社工作。夫妻两人一直相敬如宾，倒也婚姻和美，直到许彦成去图书馆借书时遇到姚宓，他们偶尔一起聊作家和作品，有许多共同语言，并心有灵犀。许彦成欣赏姚宓读书多，悟性好。姚宓欣赏许彦成博学，有修养。在进一步更深入的交往中，他发现姚宓才是自己理想中的爱人。但是他们一同经历了一场思想的"洗澡"后，说好只做君子之交，这段感情便无疾而终。

在作品中，杨绛特意要写许彦成和姚宓之间那种心灵互通的高贵恋情，可是没想到她的本意会被误读，有读者认为，主人公许彦成和姚宓在小书房里做了偷情之事，对此，杨绛深感嫌恶。作为一个精神上有些洁癖、视作品为自己孩子的作家，她不愿她所钟爱的主人公被误解，她深深地爱护着自己笔下的人物，甚至无意识地维护吴宓和许彦成那种高度契合的精神之恋。为此，年过百岁的她再次提笔，为这部作品写了续篇。这篇四万字的《洗澡之后》对几个主人公的命运做出了最圆满的交代：许彦成的妻子杜丽琳因在鸣放中积极表态，被下放劳动，在劳动过程中与一同改造的叶丹产生了感情，回京后主动提出与许彦成分手，从而解除了两个人的婚姻，彼此都找到了最称心的归宿。

相比《洗澡》的好评如潮，这本四万字的续篇出版后，评论和争议一直不断，有人说，《洗澡》本已很完美，续作是画蛇添足；也有人说，《洗澡之后》更像一个完美的童话，作者怀着仁爱之心给了主人公们一个最圆满的结局，让人心有所寄托；更有人对续篇的价值观发出疑问：破坏别人婚姻的人为什么偏偏能有好结局？任由外界评说不一，在网络信息高度发达的今天，百岁老人也许并不能逐一获悉。对此，也只能说，一千个读者的心中就有一千个哈姆雷特，而作为一个为内心而写的作家，她的安排便是内心所期待的安排。她亲手写出了故事，又亲手结束了这个故事，无论故事好坏，她愿意给故事一个大团圆的结局，有一份作者的善良在里面。她是一个完美主义者，对完美的追求没有因亲人的离去、围城的残缺而有丝毫改变。就像她相信人性没有绝对的善恶，乌云总镶着金边一样，她到老，都相信感情中的真爱，推崇心有灵犀的婚姻。

英国著名学者沃尔波尔说，这个世界，凭理智来领会，会是个喜剧；凭感情来领会，就是个悲剧。杨绛说，悲伤孕育智慧，也许，正是在对生命反思的痛苦过程，才让她在晚年的写作事业上硕果累累。而写作的过程，也是沉静、思考和凝练的过程，仿佛仰望星空，灵感闪烁。杨绛的叙事从来波澜不惊，而我在对她作品的一次次的阅读中，看到了人生更深沉的内涵和残酷，关于命运，关于生死，关于离散，关于生活，关于婚姻，关于生死不渝的爱。

心系桃李

墨子说，君子不镜于水而镜于人。镜于水，见面之容，镜于人，则知凶与吉。这是说真正聪明的人不用水来当镜子，而是拿别人来当镜子，用水当镜子，可以看到的是容貌，而用人当镜子则可以知道对与错。

杨绛在对人性哲学的探索中，也曾多次阐述"镜中人"理论，认为镜子里的人往往是自己心目中的"意中人"，而非自己的真面目，认为一个人只有在别人眼中才能看到真正的自己。人活一世，尽管不是为别人而活，尽管走自己的路，让别人说去吧，但是在人群中走过，或多或少会与别人发生过一些故事，或深或浅会留下一些脚印，也注定会以某种方式被世界铭记或遗忘。所谓人过留名、雁过留声，即使再脱俗低调的人，都无法逃避别人评说。种瓜得瓜，种豆得豆，一个人一生功过得失的评价，也正如果实的轮回、季节的更替一般耐人寻味。

杨绛 80 寿辰时，夏衍曾题词："无官无位，活得自在，有才有识，独铸伟词。"这一恰当而崇高的评价概括了杨绛的一生。中国社会科学院外文所专家、杨绛的同事郑士生在杨绛百岁生日时献诗《寿星颂》："静观兴衰具慧眼，看透美丑总无言。才识学德传五洲，崇高心灵享永年。"这样的褒奖之言放在杨绛身上却也并无半点过誉之嫌，而要达到这样的境界，实非易事。

多少年来，杨绛守着自己的一方净土，衣着简朴，深居简出，过着近似隐居的生活。这个曾经风华独具的女子，也曾"鲜衣怒马少年时"，穿着优雅入时地绽放过青春，也曾"且将新火试新茶"，激情飞扬奖励过生命。只是当岁月将她带入老年时光，让她饱尝人生的切肤之痛后，她便脱离了一切寻常的物质享受，而遁入了精神的世界。她将自己寄情于诗书，并收获了累累硕果，那些凝聚着智慧与人生经验的作品，让她在实现人生价值之外得到了多方面的回报。

2001年，杨绛在清华大学设立了"好读书"奖学金，这项奖学金是用钱锺书、杨绛2001年上半年所获72万元稿酬现金以及此后出版的所有报酬设立的。在捐赠仪式上，90岁的杨绛发表了十几分钟的即席演讲，她思路清晰，语言得体，博得了现场的阵阵掌声。

此番举动，原是杨绛在为丈夫和女儿圆另一个梦。其实，在钱锺书病重的时候，他们一家三口就郑重决定将钱锺书及杨绛的全部稿费及版税捐赠给母校，在清华大学设立"好读书"奖励基金，以奖励那些好学上进、成绩优秀的学生。他们一家三口一辈子教书育人，桃李满天下，为祖国的教育事业鞠躬尽瘁，即使老去，仍然心系教育，情牵母校，这让多少人为之动容。

"我平时看书，看到可笑处并不笑，看到可悲处也不哭，锺书看到书上可笑处，就痴笑个不了，可是我没见他看书流泪，圆圆看书痛哭，该是像她爸爸，不过她还是个软心肠的小孩子呢。"杨绛在《我们仨》中曾描写过他们一家三口读书的形象，可见，比起丈夫和女儿的性情，杨绛似乎更加理性。所以，杨绛一直认为，丈夫和女儿是真正的学者，自己还算不上。而她自己，却是将书中的营养转化成了心灵的养料，转化成了柴米油盐，转化成了应对跌宕命运的智慧。

读书，是他们一家人的爱好，她忘不了，几十年前她初到清华时，在友人的陪同下参观图书馆的情景。两个正值豆蔻年华的女孩子走出古月堂，通过弯弯曲曲的道路走进图书馆，看到了大理石的墙面，软木的地板，她小心翼翼地穿过书库的厚玻璃地板……那是不是她永远藏在内心的清华情结？钱锺书在清华读书时，也曾立志要"横扫清华图书馆"，不仅读文学作品，就连许多大部头的字典、辞典、大百科全书都要逐字逐条读过。清华图书馆，曾是滋养他们青春的沃土，也曾是他们放逐青春的天堂。

杨绛也曾把读书比作"串门儿"，借书看，只是要求到某某家去"串门儿"，而站在图书馆书库的书架前任意翻阅，就好比家家户户都可任意出入，这是唯有亲历的人才知道的乐趣。这样的读书之乐，曾经润泽了杨绛的生命，积蓄了她人生的能量和价值。她是如此醉心沉迷于书的世界，从青丝到白发，一路走来与书相伴，书给予她的又岂止是那些拈笔即来的锦绣文章，更是看待事物的更高角度，是搏击命运风浪的强大内心，是应对世界的力量和从容。

杨绛在多篇文章中提到读书，她在《读书苦乐》中说："读书钻研学问，当然得下苦功夫。为应考试、为写论文、为求学位，大概都得苦读。陶渊明好读书，如果他生于当今之世，要去考大学，或考研究院，或考什么'托福'，难免会有些困难吧？我只愁他政治经济学不能及格呢，这还不是因为他'不求甚解'。"她又在《人生实苦》一文中曾说："当今之世，人性中的灵性良知，迷蒙在烟雨云雾之中，曾为灵性良心奋斗的人，看到自己的无能为力而灰心绝望，觉得人生只是一场无可奈何的空虚。上帝已不在其位，财神爷当道了，人世界只是争权夺利、争名夺位的'名利场'，或者干脆就称'战场'吧……"

或许，正是因为她一生受益于书籍，她曾用书籍充实了自己的青春，也用书籍滋润过自己的心灵，她才更要以一己之力做些什么，为那些真正想读书的人筑起一片书香的篱笆，她虽早已告别了那三尺讲台，但是仍愿意为莘莘学子营造一片知识的绿荫。

如果说她这随遇而安的一生也曾苦心经营过，那么这一次是不是应该算得上？关于这世间普遍存在的功利性读书，钱锺书和杨绛夫妇早就有自己独到的看法。据说钱锺书生前在接受采访时，对当下社会知识分子市侩化表示忧虑，设立这样一个奖学金，是否也是对社会现象的警醒？古往今来，读书人众多，但读书观却各有不同，有人希望通过读书取得功名，有人期待用书香装点气质，有人只期望用一纸文凭作为求取利禄的筹码。可是作为知识分子中的典范，杨绛和钱锺书夫妇当年几次放弃了获取更高学位的机会，他们弃虚从实的读书原则成为功利性读书的最有力反驳。在他们的各自作品《洗澡》和《围城》中，也对知识分子的不学无术多有讽刺，这个奖学金的设立是在用实际行动爱护那些真正爱读书的人。

"好读书"奖学基金逐年增长，随着钱锺书的《围城》、杨绛的译作《堂吉诃德》、著作《我们仨》多年居高不下的畅销，十几年来，这笔奖学金已经累积到了近千万元。而数字背后的人文意义更是影响深远，许多清华学子都以能获得该笔奖学金为荣，杨绛每年都收到获奖学生写来的信，向她表示感谢和敬意。见到杨绛是这些学生们共同的期望。晚年的杨绛不愿意为人打扰，经常闭门谢客，多少人仰慕她的人品学识有意拜访，都被婉约谢绝，然而她还是在那间简单朴素、充满书香的陋室里接待了几次清华学子。在年轻人的眼中，杨绛不仅是一个德高望重的长者，是一个可爱可敬的老人。杨绛翻译的《堂吉诃德》销量极广，作为第一个翻译该部作品的中国作家，她的名字也为西班牙文化界所熟知，得知她将作品所得的报酬全部捐赠为奖学金，许多文化界人士纷纷写信给她，说她的捐赠行为，正是堂吉诃德的精神体现。

我想，杨绛是个幸福的人，她在最烂漫的童年时得到了父母最好的呵护，在学校里是最受老师偏宠的学生，在最美丽的年华遇上了一个天才的帅气男子，在最颠簸的时候得到了不离不弃的陪伴，在最成熟睿智的时代又被女儿依赖，在老年时仍然被爱戴和感恩，即使亲人离世，仍然得到了无数年轻人的尊重和仰慕。有了这些延绵不断的温暖底色，她这一生经历过的那些困顿和消磨又算得了什么呢？更何况，她的内心如此乐观，精神如此充实，成就如此之大，德行如此之高。

诗人说："鸟翼系上黄金，鸟就飞不起来了。"也许放弃是生活时时要面对的清醒选择，学会放弃才能卸下人生的种种包袱，轻装上阵。纵观杨绛一生的文字生涯，除了在上海时期的剧本创作，杨绛的写作皆无关功利。她不仅将稿费都交给清华大学托管，在对待作品的版权以及商业宣传中亦持低调态度。曾有出版社为她筹备过一个作品研讨会，邀请她现场谈创作感想，杨绛拒绝得很风趣：稿子交出去了，卖书就不是我该管的事了，我只是一滴清水，不是肥皂水，不能吹泡泡。这是她作为一个学者型作家的操守，也许亦是她被人们所评价的清高，她的清高是为人为文的干净，不避世俗烟火，也不流于附庸风雅，像她年轻时常穿的那件纯棉的蓝布旗袍，朴素得体，那份雅致却让人不由得眼前一亮。

她是一滴清水，一滴清澈透明的水，水淡而无香，却滋润万物。她甘愿用一滴水的透明折射太阳的光芒，用水的柔软包容人生万物。"我的一生，不妨公演。"这是杨绛在《将饮茶》里的首序《孟婆茶》中的一句话，这一句话，便是她对自己一生最有力的概括，尽管这一生，她从来都不爱太出风头。

在民国这个离我们最近的时代，今天一再被人们反复提及的不是自由的思想，便是才子佳人的故事，故事里的女主角，给这个乱世带来了更多的浪漫主义色彩，她们才貌双全的传说让整个时代变得柔软而有情调。但是，传奇往往都被历史的烟雾所笼罩，唯有一个女子，将民国的气息带入了 21 世纪的今天，将她的人生故事，在互联网时代公演。

而她，只是捧起自己最喜欢的书籍，继续躲进了宁静的书斋中，做一个忘记时光的隐士，任由外界如何喧闹，任由这世界如何风云变幻。

忘记什么时候读到过一句诗："携取旧书归旧隐，野花啼鸟一般春。"大概意思是说，归隐去吧，带上喜爱的古琴，和平日常读的书籍就可以了，到山间赏野花，听鸟儿自由自在地鸣叫，享受这最自然最美好的春光去吧。其实，一个人，若不能达到一定的境界，又怎能够放下一切，回归自然呢？

闹世归隐

　　德国诗人荷尔德林说："人生充满劳绩，但仍诗意地栖息在大地上。"这句诗曾被无数中国人所喜爱，身处劳碌的人们向往着诗意的栖居，人们试图用诗意的心来工作，用诗意的心来生活，以此来抵御内心的彷徨，达到万人如海一身藏的从容境界。

　　杨绛也告诉我们，其实人能够凝练成一颗石子，潜伏见底，让时光像水一样在身上湍急而过，自己只知身在水中，不觉水流。这又是一种与庄子的"陆沉"相仿的归隐姿态，也许，在奔腾不息的时间河流里，无论是顺流而行，还是逆水而上，都是对心志的磨炼和精力的损耗，唯有将一颗心沉淀下来，伴随着时间静水深流，才能修身养性，方能懂得，任由时间怎么流淌，每时每刻，都是我们安身立命的好时光。

中国古代知识分子历来有归隐情结，以此坚守自己的原则与良心，守候自己高贵的精神家园。淡泊名利的陶渊明更有"结庐在人境，而无车马喧"的悠然。关于隐居，更有古人说："小隐隐于野，中隐隐于市，大隐隐于朝。"说的是，那些所谓的隐士，他们看破红尘隐居于山林，只是形式上的隐而已，而真正达到物我两忘的心境，反而能在最世俗的市井中排除嘈杂的干扰，自得其乐。因此他们的隐居于市朝才是心灵上真正的升华所在。

而正走在人生边缘的杨绛，正是在心灵的升华中寻求一份宁静闲适，作为一个充满智慧的百年老人，她虽一生处于喧嚣浮躁的时代，却能大智若愚，淡然处之。文学是人类重要的精神食粮，杨绛依赖文学这一精神食粮，给自己的生存注入了淡淡的诗意。

那一年的深秋，百岁老人杨绛写下了几首情深意切的诗，写给丈夫，写给女儿，写给她最尊敬的师长，那些人已然离她远去多年，但是经常出现在她的梦中，出现在她对往事的独自沉思中。

中秋

忽见窗前月玲珑，秋风竦竦吹病松。

心胸郁结人知否，怀抱凄清谁与共。

悲欢离合世间情，阴晴圆缺凭天公。

我今无意酬佳节，但觉凄凄秋意浓。

每逢佳节倍思亲，更何况是孑然一身的百岁老人，或许她曾经享受到的人间亲情太过丰盛，因此失去之后才倍加遗憾。或许是她对人与人的情感给予过高期待，因而更无法排解那些黄昏独自愁的孤寂。这个一生感情如人一样清白的老人，藏在心底的，始终是那些最纯粹最真诚的情感。

忆锺书

与君结发为夫妻，坎坷劳生相提携。

何意忽忽暂相聚，岂已缘尽永别离。

为问何时再相见，有谁能识此天机。

家中独我一人矣，形影相吊心悲凄。

也许，在旁人眼睛里，杨绛一向内敛而节制，而在诗中，她的思念和忧伤袒露无遗，仿佛亲人就在眼前，倾诉不需要设防一样。也许，这些面世的诗只是她诗作中绝少的一部分。在这些句子里，含着多少蕴藉绵长的相思和离愁，以及一程又一程山高水长的怀想，俯仰之间，人已百年。

其实，语境的格调竟然是心境的映射，宋代才女李清照从早年的惬意闲适到晚年的飘零异乡，词文意境大有迥异，从清新婉约到多愁多怨，其实不过是源于一个命运的转折。而杨绛，也一点点地放下了她语言中一贯的调皮和调侃，于一成不变的清新中弥漫出几丝哀愁，在这些句子里，我们突然发现，这个从来不轻易言伤的老人，终于流露出难以掩饰的孤独与悲凄。

多情自古伤离别，更那堪，冷落清秋节。或许是多愁多怨的天气让人难以释怀，或许是思念太浓无法排解，秋天，从来都是思绪纷乱、愁肠百结、伤感怀旧的季节。秋的落寞、秋的萧瑟、秋的寂寥总是能唤起人们莫名的忧伤。少女怀春，老人伤秋，也许像少女翘首企盼的春日迟迟那样，老人对秋日独有一份感悟。只是，少女怀春与老人伤秋，再也不是同一况味。

但屈指西风几时来，却不道，流年暗中偷换，然而偷换的又岂止是流年，那沉淀其中的年轻岁月，以及那姹紫嫣红的少年心思，终究变成沧桑。纵然再多良辰美景，也终被似水流年轻轻抹去。没有经历过的人，是无法体会那种被流光抛弃的寂寞。

"锺书逃了，我也想逃，可是逃到哪里去呢？"在她的亲人们一个个离开之后，她只好凭着对智慧的本能热爱和不懈追求，逃到书中去，逃到哲学里去。试图通过和大师的心灵对话中超越自我。她把哲学作为一种强大的精神力量为自己的人生做支撑。

作为一个生于民国年间的老人，杨绛又以百岁高龄断断续续地写了许多文字，她即使握笔写字都有些困难，但是仍然不能停止思考。这世上一百岁还能提笔写诗的人终究寥寥无几，人至百岁，仍能以一份赤子情怀感怀世事，回味人生，实为有幸之事。但是，此时的杨绛竟是如此的谦卑。

在一百岁生日的时候，她写下：我今年一百岁，已经走到了人生的边缘，我无法确知自己还能走多远，寿命是不由自主的，我很清楚自己快"回家"了。我得洗净这一百年的污秽回家。我没有"登泰山而小天下"之感，只在自己的小天地里过平静的生活，细想至此，我心静如水，我该平和地迎接每一天，准备回家。

这是一个百岁老人的生日感言，文采斐然。把她的照片一张张看过去，从青丝到白发，我们仿佛看到一个女子优雅老去的过程，因为她总是微笑着，无比淡定从容。也许，人们无法选择如何度过自己的一生，但是可以选择以什么样的态度面对人生。我想，当一个人老去之时，她的言行成为指导别人人生的灯塔，她的故事为人们所津津乐道，一个人若能够以这样的方式慢慢老去，又何尝不是一种圆满和福气呢？

杨绛说，一个人经过不同程度的锻炼，就获得不同程度的修养，不同程度的效益。好比香料，捣得愈碎，磨得愈细，香得愈浓烈。她的修养，她的香味，谁说不是在苦难中提炼的呢？

那么，她又是如何战胜那些苦难的呢？有人说信仰与苦难相依相伴，信仰在未受任何考验时，都是一些无关痛痒的思辨和行为模式，面对苦难时的抉择和体验取决于一个人的信仰。信仰是人类精神上最高的认知和追求，更是心灵的依托，在精神上有人信仰上帝，有人信佛，有人信道，而世俗中有人信奉爱情，有人信奉利益，有人信奉权力，一个人终其短短一生，都在或有意或无意地在认识这个世界，并试图寻找自己心灵的依托，只是每个人所感所悟却各有不同。

而杨绛却早已借翻译英国作家兰德的那首诗，写下了自己的心语和追求，也道出了自己一生"甘愿为零"的秘密：我和谁都不争，和谁争我都不屑；我爱大自然，其次就是艺术；我双手烤着生命之火取暖；火萎了，我也准备走了。当她的生活中只剩下回忆与思考后，她愿意追随着对客观真理的信仰，做一个生命的烤火者。也许，杨绛的高寿正是得益于她通达乐观的精神境界和人生态度，她认为一切快乐的享受都属于精神的，不争乃是她的养生哲学。

苏轼有诗曰："人间有味是清欢。"这句诗初读并未有过多体会，只是随着年龄的增长，竟一点点品出其中蕴含的滋味。年少时大都喜欢喧闹的生活、深刻的爱恨、肆意的哭笑，殊不知，在细碎的分秒光阴中，闻高山流水之弦音，赏清风明月之景致，才是真正的心之所需。也许，只有清淡的欢愉才能经得起平淡的流年，也许只有清淡的喜悦才能长久长存。正如大音希声一般，最大最美的声音乃是无声之音，但凡达到极致的东西都是不可触摸的。"清欢"该是一种炉火纯青的心灵体验，一种精神领域的审美享受；"清欢"是种奢侈的、高尚的感受，只有那些具有较高灵性的人才能达到的境界。

上苍不会让所有幸福都集中到某个人身上，得到爱情未必拥有金钱；拥有金钱未必得到快乐；得到快乐未必拥有健康；拥有健康未必一切都会如愿以偿。保持知足常乐的心态才是淬炼心智、净化心灵的最佳途径。一切快乐的享受都属于精神，这种快乐把忍受变为享受，是精神对于物质的胜利，这便是人生哲学。

杨绛伴着读书的清欢度过了充实的一生，以至于我们甚至不知道她的一生也可曾迷茫过、胆怯过。"亲人去世，要梦中相见也不能，但亲人去世多年后，就能常常梦见。我孤独一人已近十年，梦里经常和亲人在一起。但是在梦中，我从未见过他们的面貌和他们的衣服，只知道是他们，感觉到是他们。我常想，甩掉了肉体，灵魂彼此间都是认识的。"这是她在将近一百岁时写下的文字。这是一种让思念解脱的自我安慰，也有一番对生命的启示。

泰戈尔说，人生虽有几十春秋，但它绝不是梦一般的幻灭，而是有着无穷可歌可颂的深长意义的。附和真理，生命便会得到永生。浮生若梦。也许，生活对每个人呈现的状态都不同，每个人对于生命的感受和认知也有所不同，有人认为享受才是生命的意义，而有人抱着对某些使命的理想追逐实现生命的价值。多少人在成长成熟中苦苦追寻人生的意义，只是有些问题，答案也许并不是唯一。杨绛对于生、老、病、死的透彻豁达的理解，使人深受启发，受益匪浅；她那种超凡脱俗的生活态度给生命的意义做了最好的诠释。

人生是一场修行，而在修行这条路的尽头便是智慧，这种智慧能够让我们了解到生命的真谛。短暂的一生中，我们选择快乐，选择幸福，选择感恩，选择宽容，其实就是善待我们自己，生活是一面镜子，你哭它就哭，你笑它就笑，这浅显的道理谁都懂得，但是在这一生的修行中，要做到像杨绛那样懂得舍得、承受、包容、淡定、超脱、感恩，茫茫人海中又有几何？

曾听到过一句话，若有来生，愿鲁且愚。万丈红尘里，人们总是被各种情感困扰，有时候，便宁愿自己可以不这么聪明，不看透这么多世情，便没有许多烦恼忧愁。这就是说如果这人间充满苦难，那么每一个人都在经受苦难，劳力者经受体力的疲乏，而劳心者经受内心的疾苦，体力疲乏尚且可以通过自然的休息缓解疲劳，许多时候人内心的疾苦却只能自寻出口。对于那些灵性极高的人来说，愿鲁且愚，又何尝不是一种美好的期望呢？

我不知道杨绛是否也可曾有过这样的期许，在丈夫、女儿离开的日子里，在月圆中秋、无处可去只好遁逃书中的时刻。只知道，她始终不丢弃信念，始终不放弃工作，始终不停止学习，用自己的灵性纾解痛苦，让精神在修炼中得到涅槃。

精神贵族

一直非常喜欢苏轼的诗，尤其是那首《定风波》，莫听穿林打叶声，何妨吟啸且徐行。竹杖芒鞋轻胜马，谁怕？一蓑烟雨任平生。料峭春寒吹酒醒，微冷，山头斜照却相迎。回首向来萧瑟处，归去，也无风雨也无晴。

这首诗写于苏轼于"乌台诗案"幸免于难后被贬黄州后的第三个春天。他在通过野外途中偶遇风雨时所作的一首诗，寥寥数语，就将旷达豪放表现得淋漓尽致，让人胸怀开阔，幡然顿悟，自然界的风雨阴晴既属寻常，人生中的政治风云、荣辱得失又何足挂齿呢？我想，那时候的苏轼已经不再是意气风发的年龄，精神世界已然丰满圆熟，一句"竹杖芒鞋轻胜马，谁怕？"流露着作者豪迈坦荡、无惧无畏的精神气质和淡泊豁达的优雅姿态。

一个人，需得走过多少"穿林打叶"的道路，历经多少风吹雨打，才能够对天地宇宙有所了悟，才能够悠然自得地超脱于风雨阴晴之上？宠辱不惊，看庭前花开花落；去留无意，望天空云卷云舒。得失随缘，闲淡由之。在烟尘飞扬的世象中，犹记明月清风。在颠沛流离的境遇里，学会随遇而安。这就是苏轼的处世之道，在不合时宜的境况里依旧清醒旷达，不诉悲凉之音。

年少时曾喜欢李白，喜欢他是恃才放旷和不拘一格，喜欢他美酒好诗的情感释放。稍经世事，更加喜欢苏轼，喜欢他的大气磅礴，喜欢他的务实通达，喜欢他沉淀下来的淡泊清明。其实，无论是入世还是出世，都是一种人生态度的选择。而做到不以物喜、不以己悲的淡泊，却是需要一番修炼和顿悟的。淡泊是一种大气从容的人生智慧，一种超然物外的高尚境。有人说，生命的本质是一个孤独的旅程，人的一生中，要相遇许许多多的人，有些人擦肩而过，有些人同行一程，有些人形同陌路。总有一段路，要一个人孤独地走。我想，杨绛在独自生活的多年里，一定用她特有的聪慧和敏感参透了许多人生真理。像所有老年人一样，她不喜欢过生日，媒体说她每年都在"躲"生日。想必除了不喜欢面对年龄数字的增长之外，她更不喜欢被外界打扰自己的安宁。每逢生日，热爱她的人们希望给她祝寿祝福，她说，如果有人想给我过百岁生日，那么就替我吃一碗长寿面吧。

2013年7月17日清华大学本科生举行毕业典礼，恰逢杨绛的102岁生日，校长陈吉宁发表致辞时说，今天的钱锺书夫人、著名学者杨绛102岁生日，她提议毕业生都去吃一碗长寿面，为老学长贺寿，也为你们的明天祝福。他的话引发了学生们的阵阵掌声。对于许多尊重文化、热爱生活的人来说，杨绛是我们这个时代最被众人惦记的隐士，也是人们心中最愿意祝福的尊者。

"我无名无位活到老，活得很自在。"三里河的居所，是小区里唯一没有围栏的房子，这是随遇而安的杨绛，在老年后最自我的坚持。杨绛，隐居在川流不息的闹世中，独享属于自己的那一份宁静。曾经很喜欢一个词叫"人淡如菊"，说的大概就是这种境界。菊没有百花的娇艳，也无令人赞叹的清香。她总是淡淡地在凄风冷雨中默默忍受着孤独和寂寞，在世俗中保持着一份特有的从容与淡定，在万花即将枯萎的深秋季节，百卉凋零，唯有菊花于秋风中孑然独立。

所谓人淡如菊，淡在名利之外，淡在荣辱之外，淡在诱惑之外。一个人只有在经历风霜雨露、看遍风光霁月之后，才能够做到宠辱不惊，淡泊自得。这样的淡能够让我们在物欲横流的滚滚红尘中，击破纷扰，洞察世事，谢绝繁华，回归简朴，达到落花无言、心静如水的境界。以淡心对待得失，以冷眼看尽繁华，畅达时不张狂，困顿时不消沉。在人生的历练中派生出从容的定力，在潮起潮落的人生波涛中，举重若轻。

我们曾如此渴望命运的波澜，到最后才发现，人生最曼妙的风景，竟是内心的淡定与从容。她甘于平凡，参透人生奥秘，为这个世界贡献着思想的精华。人生是一个不断得到、不断失去的过程，一个人到了老年，是不是都会对自己的一生的行囊有所盘点？杨绛一生都将亲情视为生命的至宝，而她的遗憾也在她后来的文字中多有流露。

她遗憾父母双亲临终时没有守在身边，未尽儿女的孝心；遗憾年轻时忙于工作没有给丈夫和女儿做好菜美羹；遗憾女儿这粒"读书种子"没有长成参天大树，甚至遗憾女儿生病后没有及时知道病情……所有的这些角色中，大概她最满意做才子之妻子这一角色。

她是一个好妻子，绝无仅有地结合了各不相容的三者：妻子、情人、朋友。她获得了中国文学史上最令人羡慕的婚姻。冰心生前则如此评价："他们是现在中国作家中最美满幸福的一对，学者才人，珠联璧合，相得益彰！他们有风骨、风度，又有风趣，是我永远不会忘记的可敬可爱的一对朋友。"他们在精神上高度对等，她欣赏他的才华，他崇拜她的能力。他们永远互为师友、知己。大概没有一个女人不想做一个好妻子，但是没有谁都能同她那般幸运，懂得感恩他的好，终于愿得一人心，白首不相离。她似乎从来没有那么多的爱恨纠葛，一生的情感也像她的为人一样，素净又内敛。

她还是一个传统意义上的慈母，为女儿的成长顾虑周全。一衣一食到做人为文，皆全心付出。女儿年幼体弱，全部功课都是在她的指导下完成。杨绛称女儿是她的生平杰作，她写过那么多杰出的文章，翻译过许多流芳学界的书，但最让她感到骄傲的始终是女儿。钱瑗大学毕业顺利留校，当母亲的也为女儿能够留在身边而感到无比的称心如意。就连女儿考取了留学英国的奖学金，出国一年，也让她牵肠挂肚，日夜想念。女儿出生海外，扎根祖国，也从来不肯离开母亲的怀抱。从小受到家庭的耳濡目染，热爱读书，热爱教育事业，但是她生不逢时，却将最好的年华浪费在一场又一场的运动中。用杨绛的话说，女儿"九蒸九焙"还只是一个种子，做父母的，心里不能舒坦。这是时代强加给女儿的遗憾，也是母亲始终无法释怀的惋惜。然而，在这场悲喜交织的人生里，她们之间心心相印、亲密无间的母女亲情也让多少人钦羡不已。

她始终将家作为自己的第一坐标，在事业上颇有随遇而安的意味。因此她在《孟婆茶》中调侃：我按着模糊的号码前后找去，一处是教师座，都满了，没我的位子；一处是作家座，也满了，没我的位子；一处是翻译者的座，标着英、法、德、日、西等国名，我找了几处，都没有我的位子。传送带上有好多穿灰色制服的管事员。一个管事员就来问我是不是"尾巴"上的，"尾巴"上没有定座。可是我手里却拿着个座牌呢。他要去查对簿子，另一个管事员说，算了，一会就到了。他们在传送带的横侧放下一只凳子，请我坐下……这些略带自嘲的写法含有多重幽默的隐喻。她平生做过各种工作：教师、作家、翻译家、研究员……以至于找不到自己真正的职业身份是什么。她的手中拿着知识分子的牌子，却始终没有一个固定的座位。而另一个管事员说的"算了，一会就到了"，却是在说，人的一生太短，何必纠结自己的身份和位置呢？最后她被安排在传送带的一侧坐下。杨绛是否想说的是，其实在人生这台不停进行的传送带上，即使坐在边缘，又何需计较呢？

"一个女人有好几个领域，每个领域我只能拿60分。"也许这是她对自己一生发自内心的中肯评价，然而我们读来却始终觉得她太过自谦。做教师，不同年龄层次的课堂都能够驾驭自如；做翻译，年过半百后依然自学外语；当作家，过了百岁高龄还在坚持写作。在我们看来，无论是做女儿、妻子、妈妈，还是教师、作家、翻译家，她都拿出了极大的能量，用一腔热情全力以赴，将每一个角色都扮演到极致。也许，每个人对自己的要求不同，风华绝代的杨绛终究不是一个普通的女人，即使伴随岁月老去，那颗"向上要好的心"却一如当年。

极其喜欢这篇小文章，来回读几遍，依然是"万人如海一身藏"的"出世"意味。孟婆茶是传说中一种喝了就可以忘掉所有烦恼、所有爱恨情仇的茶汤。杨绛曾疑问："一杯茶冲掉了一辈子的经验，一辈子不都是白活了？"但是孟婆店的热闹还是让人忍不住好奇。或许活在这喧闹世上谁都免不了有身心疲乏的时候，是浓酒忘忧还是淡茶一杯，都是听凭自己选择。红尘纷扰间，每一个懂得生活的人，都会渴望与一杯淡茶对坐，在与天、与地、与书、与时间的静默共处中，得到心灵的慰藉，让每一天的生活都充满着淡淡的茶香。

我曾一度在虚无主义的情绪中徘徊裹足，不断地思考和追问人生的意义，阅读杨绛一生的经历，始发现用心做好每一件事，用心去欣赏、体会、总结、反省、热爱，本身便是意义。诚如杨绛所言，时间在跑，地球在转，即使同样的地点也没有一天是完全相同的。现在我也这样，感觉每一天都是新的，每天看叶子的变化，听鸟的啼鸣，都不一样。纵使走过千山万水，看过无数善恶美丑，始终能用孩童的眼睛，去欣赏身边的一花一草。一花一世界，一叶一菩提。

有人说她是精神贵族，她是这个物质时代的一缕清风，是对人心一抹安宁温润的慰藉。她读书，过一种与灵魂有约的生活，将生命的需求维持在最少的消耗物质财富的状态中，在阅读中丰富内心世界，构筑自己的思想城堡。她甘居陋室，而将巨额稿费捐给清华学子。她写作，和自己的心灵对话，用自己的生活经验做参照，思考那些引人入胜的哲学命题。在她身上，人们看到了奉献的情怀、人性的善良、书香的宁静、胸怀的大气以及内心的坚强。

凡是养花的人都知道，几乎所有的白花都很香，愈是颜色艳丽的花愈是缺乏芬芳，人也一样，愈朴素单纯的人，愈有内在的芳香。有人赞她是著名作家，她说，我没有野心。有人说她的作品畅销，她说，那只是太阳晒在狗尾巴尖上的短暂瞬间。有人向她求墨宝，她说，我的字只配写写大字报。不强求，人生短促，她不屑于在与人的挣扎斗争中赢得那一次出头的机会，知道浪尖上的一刹那风光并不是一生成就的标志，更不足引以为豪。

她的成就，许多都是来源于她骨子里的灵性，她写戏剧、写小说、做翻译，除了自己的坚持和努力之外，总有一些信手拈来、妙手偶得的感觉。但是对于赞誉，她总是云淡风轻，认为自己的才华和丈夫的相比并不出众。她的文字里从来没有"爱"字，但是满篇洋溢的都是爱，有对钱锺书才华的肯定，还有一个女子对丈夫的倾慕。这世界不乏荡气回肠的爱情，但是远不及这样的云淡风轻更耐人寻味。

都说文人相轻，钱锺书生前骄傲不羁，不知道曾和多少人结怨，为了澄清事实，维护丈夫的名声，杨绛这个宁愿与世无争的女子，却为丈夫打了很多笔墨官司。2013 年，杨绛由于身体原因屡次住院，在治病疗养期间，却遭遇了钱锺书手稿被拍卖的风波。那些承载着他们一家人温暖亲情的信件已经在离乱岁月中被付之一炬，能留在她身边的信物，已是越来越少。她一生爱惜他的声誉超过爱惜自己的生命，像每一次站出来维护丈夫的利益那样，一向低调的她没有因为年事已高而保持缄默。

诚如李清照说，人如遭遇横祸，什么都会损失，无论是书画还是胡椒。爱钱的和爱《左传》的，同是爱好，有什么差异？名虽不同，内心的情感却没什么不一样。而对于爱丈夫的名声超过爱自己生命的杨绛而言，这件事情让她无法容忍。

"个人隐私、人与人之间的信赖、多年的感情，都可以成为商品去交易吗？"她和拍卖公司对簿公堂，愤然发出正义的诘问。那年，她以102岁的高龄走上了法庭，在这场博弈中，道德的力量压过了边缘不清的拍卖秩序，个人隐私赢得了法律尊重。法院判决被告的拍卖公司以及侵权人赔偿杨绛20万元经济损失和精神损害抚慰金，并公开赔礼道歉。杨绛不仅维护了自身权益，也以自身的影响力对拍卖法规产生了警醒的作用。

人若不同心，岂能同行？能够同行的两个人，必定会为对方赴汤蹈火，即使孤军奋战，也要坚持到底。这件颇不愉快的官司让杨绛的名字以钱锺书之妻的身份出现在人们的视野中，与我们所看到的那个平和低调的作家、翻译家不同，她用朗朗的控诉告诉人们，世界上就是有一种爱，能够永远坚定、永远赤诚。也让人们看到，她是一个多么有力量的女人，即使年过百岁，她对家人的维护，对原则的坚持，依然一如当年。

一个人的魅力，或许真的和年龄无关。正如在万花凋谢的季节，菊的身姿依然楚楚动人一样，其实，鬓角的白发，似乎也不只是岁月的痕迹，还是脸庞边的一道色彩装饰。又何况朱颜皓齿是一种美，苍发素颜也可以是另外一种美，人生如四季，风光自有不同，从艳若桃李到淡如兰菊，何尝不是各有千秋。多少人因为有了时光的洗染，心也愈加明净。一朵花终究要凋落，一个人终究将会老去，我们无法选择凋零的时刻，却可以选择枯萎陷入污泥，还是如花瓣那样在风中轻盈飘旋。当生命的深秋到来之际，选择做一枝淡然从容的菊，在天高云淡中，在落叶飘飞中，不喜不悲，悠然盛开。

正如杨绛所言，一生一世，无非是认识自己，洗练自己，所以，当铅华尽洗后，她的脸上带着岁月赋予的一派祥和，依然温润如玉。当走过人生的千山万水，这个曾经追求完美的女子，终于懂得了如何看淡和包容人生里的不完美。

在《将饮茶》里，杨绛说："人到中年，我已不能释杯，只是杯中不是酒，而是茶，不是龙井碧螺，是一种来自深山野地的野茶而已。凡物荒野到浊香处便有了禅味，饮茶是一种开启、一种随缘、一种散漫间的寄托，人毕竟需要一些寄托……今天我终于到了拥有一种固定的'生活场'的状态，半生的经验告诉你应该怎样生活，怎样的生活才淡雅野趣，这样的生活由我一人营造，在我与天，我与地、与书、与时间、与散淡的空气之间构筑的生活场，而这样的生活场必须要有野茶的参与，将饮茶，每一天，我的生活都要由浓到淡地进行下去。"正如其爱女钱瑗说：妈妈的散文像清茶，一道道加水，还是芳香沁人。我想，如若没有一颗像野茶般淡泊的心，如何能够写出这样晶莹剔透的句子？如若不是深谙生活之道，如何能够如此禅心雅趣？

欢乐与悲伤来来往往的一生中，杨绛也曾疑惑，也曾不解。可是如今，已经没有什么可以扰乱她平静的心灵了。读杨绛，我们往往会忘掉时间的残酷，始终柔韧、清朗、独立，充满力量，也释放温暖。她让我们懂得，人生的境界，说到底，是心灵的境界。只有内心从容，才能举止优雅；只有心胸大气，才能眼底开阔；只有心灵明净，才能看到这世界的真相。

每年的生日，都会有媒体和网络报道杨绛的近况，关于她用淡淡口吻写下的那些话，也被一再转载。也许相比那些文笔唯美的心灵鸡汤，杨绛风轻云淡的笔触里的不追求华丽，也不刻意励志，却有另一种耐人寻味的魅力打动人心。也许是这个社会太浮躁，我们需要用这样一些更私人的语言，拭去心灵深处的尘埃，找到最纯粹的喜悦和安宁。

"树上的叶子，叶叶不同。花开花落，草木枯荣，日日不同。我坐下细细寻思，我每天的生活，也没有一天完全相同，总有出人意料的事发生。"

　　走在人生边上，杨绛还在思考。

参考书目

《我们仨》作者 / 杨绛

《将饮茶》作者 / 杨绛

《干校六记》作者 / 杨绛

《走在人生边上》作者 / 杨绛

《听杨绛谈往事》作者 / 吴学昭

《百年风华：杨绛传》作者 / 罗银胜

附录 1　杨绛大事年表

1911 年 7 月 17 日，生于开明知识分子家庭。不久辛亥革命爆发，跟随父母去上海避难。

1914 年，父亲因国家法令，本省人不得为本地司法官，调任浙江高等审判厅厅长，驻杭州，举家迁居杭州。

1915 年，父亲调任北京高等检察厅长，杨绛跟随家人回到北京，在贝满幼儿院上幼儿班。

1919 年，亲见五四运动大学生游行喊口号。秋季始业升初小三年级。父亲弃官南归，杨绛随父母举家回无锡，在大王庙小学上学。

1921 年，在启明上学，被称为"启明小鬼"。

1923 年，以初中一年级学生入学寄宿学校，学会独立生活，受到许多位老师的喜爱。

1924 年，在振华女校上学，认识恩师王季玉，王季玉喜欢杨绛聪明，对她格外关照。

1925 年，因学习成绩优异，跳一级，暑期初中毕业。

1926 年，在振华上高中一年级，庙堂巷新宅修建完工，父母答应杨绛的请求，在庭院中为她安装一个秋千架。

1928 年，高中毕业，暑假期间考取南京金陵女大及苏州东吴大学。同年，清华大学开始招收女生，但此年不到上海招生，杨绛与清华大学失之交臂，进入东吴大学。

1930 年，杨绛再次投考清华，试图转学，已领到准考证。但因大弟患肺结核病，暑天忽转为急性结核性脑膜炎，考试的前一天晚上，为帮助母亲和大姐轮班守夜，恰恰错过考期。

1932 年，东吴大学因学潮停课。杨绛与同班学友徐、沈、孙三君（皆男生）及好友周芬（女生）结伴到燕京大学借读。当时南北交通不便，过长江，须由渡船摆渡过江，改乘津浦路火车。路上走了三天。2 月 28 日晚抵北京。与钱锺书在古月堂前相识，后在朋友的帮助下办理了清华入学手续。同年领到东吴大学毕业文凭，并得金钥匙奖。

1933 年，在钱锺书指点下，补习外文系功课，被清华研究院外文系录取。并与钱锺书在苏州一饭馆内由男女两家合办订婚礼。

1934 年，得清华优秀生奖，每月奖学金 20 元。不再需要家庭负担学习费用，杨绛颇为自豪。爸爸生病，她将奖学金所得，加上自己生活之余剩下的一百元钱寄给家里。

1935 年，钱锺书考取英庚款留英奖学金。为照顾钱锺书生活，杨绛办好自费留学手续。同年二人结婚，并一同赴英国留学。

1936 年，暑假到巴黎小住，她和钱锺书同到瑞士出席第一届"世界青年大会"。

1937 年，女儿钱瑗出生。女儿出生第一百天，一家三口到法国，住巴黎近郊。

1938 年，一家三口乘法国邮轮 Athos II 回国。钱锺书在香港上岸赴昆明，杨绛与女儿回到上海，与父亲同住在上海霞飞路来德坊。母校苏州振华女中筹建上海分校，校长王季玉先生邀她出任校长，同时担任家庭教师。

1939 年，任振华分校校长兼高三级英语教师。

1941 年，钱锺书回到上海，杨绛和女儿也搬回拉斐德路钱家。辞去振华女中管理工作和家庭教师工作。

1942 年，她做小学代课教员，业余写剧本。

1943 年，剧本《称心如意》上演，在上海文艺界引发轰动，始用笔名杨绛。此时，她辞去小学代课教师的职务。

1944 年，《弄假成真》上演，《称心如意》出版。

1945 年，为支持钱锺书写作《围城》，杨绛包揽了所有家务。父亲在苏州寓所去世，杨绛与钱锺书一起回到苏州安葬父亲于苏州灵岩山绣谷公墓母亲的墓旁。

1946 年，在震旦女子文理学院任外文系教授。

1947 年，《风絮》出版，钱锺书《围城》出版，女儿钱瑗患指骨节结核，休养十个月后病愈。

1948 年，翻译《1939 年以来英国散文作品》，9 月出版，该书为约翰·黑瓦德著，《英国文化丛书》12 种之一，朱经农作总序，商务印书馆出版。

1949 年，解放战争胜利。钱锺书、杨绛夫妇得清华大学聘书，8 月 24 日，一家三口动身赴北京，26 日中午抵京，暂住清华工字厅藤影荷声之馆。杨绛为兼任教授，教大三级英国小说。

1950 年，住清华新林院。转译西班牙名著《小癞子》。

1952 年，"洗澡"结束，全国院系调整，杨绛调入文学研究所外文组，随后举家迁入新北大新建宿舍中关园 26 号。

1954 年，译作《吉尔·布拉斯》在《世界文学》分期刊出。

1957 年，接到任务重译《堂吉诃德》。

1958 年，下乡进行思想改造，并开始自学西班牙文。

1964 年，文学研究所外文组自文研所分出，成为外国文学所。杨绛留所，为部分"年轻人"修改文章。

1966 年，在外文所所内扫厕所。并交出《堂吉诃德》全部翻译稿。

1969 年，杨绛下放干校。

1972 年，杨绛和钱锺书随第二批老弱病残者回北京。又从头翻译《堂吉诃德》。

1974 年 1 月 8 日，钱锺书哮喘病发作，送北医三院抢救。后因大脑皮层缺氧，手、脚、舌皆不便，如中风状。杨绛悉心照顾。

1975 年，《堂吉诃德》译完。

1976 年，《堂吉诃德》第一部定稿。当年唐山大地震，为躲避余震四处避险，并坚持写作。

1977 年，迁居三里河南沙沟新居。

1978 年，《堂吉诃德》出版。

1980 年，写完《干校六记》，钱锺书读完给予高度评价，并写小引。

1982 年，《干校六记》英译本出版。同年，北京大学举行塞万提斯逝世 366 周年纪念会，杨绛到会发言，精彩的发言引发现场热烈掌声。

1983 年，随代表团访问西班牙进行文化交流。

1984 年，《干校六记》有法译本二种先后在巴黎出版。

1986 年，杨绛开始动笔写小说《洗澡》，同年获西班牙国王颁给她的"智慧国王阿方索十世十字勋章"。

1987 年，《将饮茶》由三联书店出版；《风絮》于 2 月发表于《华人世界》第 1 期；《堂吉诃德》校订本出版。《干校六记》由索罗金 (V.Sorokin) 翻译的俄文译本，在苏联科学院《远东问题》双月刊 1987 年第 2、3 期发表。

写完《洗澡》。

1991年，写《第一次下乡》及《顺姐的自由恋爱》。

1992年2月，法译本《洗澡》及《乌云的金边》在巴黎出版；整理《老圃遗文辑》。

1993年，钱锺书住院手术，杨绛陪护两月后，因劳累过度患冠心病，带病帮助钱锺书誊抄《槐聚诗存》诗文。

1994年，钱锺书再次住院。同年，《杨绛作品集》由社科出版社第一次印刷出版，前后共出六版。

1996年1月，钱瑗住温泉胸科医院，杨绛一个人奔波在家和医院之间，为丈夫和女儿传递消息。

1997年3月4日，女儿钱瑗去世，杨绛不胜悲痛，但她竭尽全力照顾丈夫。病中有人屡次侵犯钱锺书的著作权，杨绛上诉国家出版局予以保护，得到三个"致歉声明"。

1998年5月，将钱瑗存款六万元作为钱瑗基金，捐北师大外语系。年底钱锺书去世。杨绛按照钱先生遗嘱，坚持不举行任何仪式；不留骨灰，敬谢花篮花圈等一切奠仪。杨绛忍泪送别，久久不愿离开。

1999年，翻译《斐多》。

2000 年，青年出版社出版《从丙午到流亡》，辽宁人民出版社出版《斐多》。

2001 年，设清华大学"好读书"奖学金。

2003 年，《杨绛作品集》第六版出版，记录一家人生活的《我们仨》由三联书店出版。

2007 年，《走到人生边上》出版。

2013 年，拍卖公司将钱锺书的书信手稿进行拍卖，杨绛向市二中院提起侵害著作权及隐私权诉讼，请求法院判令拍卖公司和涉案书信的收信人停止侵权行为，并公开赔礼道歉，赔偿经济损失。经审理，杨绛维权成功。

2014 年，《杨绛全集》由人民文学出版社出版。《洗澡》续篇《洗澡之后》出版。

附录 2　杨绛作品导读

小说

《倒影集》

《倒影集》收杨绛新中国成立前写的五个短篇：《"大笑话"》《"玉人"》《鬼》《事业》《璐璐，不用愁》，由人民文学出版社于 1982 年梓行。在《倒影集》前面的《致读者》中，杨绛介绍这五个短篇时说：故事里的人物和情节，都是旧社会的。

试读部分：

敬爱的读者：

我希望这几个小故事，能在您繁忙之余，供您片刻的消遣，让您养养心、歇歇力，再抖擞精神投入工作。这就是我最卑微的愿望。假如您看完后，觉得还有点儿意思，时间消耗得不算无谓，那就是我更高的愿望。

故事里的人物和情节，都是旧社会的。在我们的新时代，从前的风俗习尚，已陈旧得陌生，或许因为陌生而变得新奇了；当时见惯不怪的事，现在也会显得岂有此理而使您嬉笑，使您怒骂。这里收集的几个故事，好比是夕照中偶尔落入溪流的几幅倒影，所以称为《倒影集》。

这些稿子还藏在抽屉里的时候，我曾给柯灵同志看过一部分。他督促我发表。我常记起《小癞子》里引的一句话："一本书不论多糟，总有些好处。"那句话在这里未必适用，可是我仍然用它作为出版的借口。

《洗澡》

这部小说写新中国成立后知识分子第一次经受的思想改造——当时泛称"三反"，又称"脱裤子，割尾巴"。

这些知识分子耳朵娇嫩，听不惯"脱裤子"的说法，因此改称"洗澡"。

《洗澡》不是由一个主角贯连全部的小说，而是借一个政治运动作背景，写那个时期形形色色的知识分子。所以是个横断面；既没有史诗性的结构，也没有主角。杨绛先生将知识分子这一群体的内心世界、外貌形象刻画得惟妙惟肖。

试读部分：胡小姐当然不是什么"小姐"。她从前的丈夫或是离了，或是死了，反正不止一个。她深知"如花美眷，似水流年"，所以要及时找个永久的丈夫，做正式夫人。在她的境地，这并不容易。她已到了"小姐"之称听来不是滋味的年龄。她做夫人，是要以夫人的身份，享有她靠自己的本领和资格所得不到的种种。她的条件并不苛刻，只是很微妙。比如说，她要丈夫对她一片忠诚，依头顺脑，一切听她驾驭。他却不能是草包饭桶，至少，在台面上要摆得出，够得上资格。他又不能是招人钦慕的才子，也不能太年轻，太漂亮，最好是一般女人看不上的。他又得像精明主妇雇用的老妈子，最好身无背累，心无挂牵。胡小姐觉得余楠具备她的各种条件。

胡小姐为当时的一位要人（他们称为"老板"）津贴的一个综合性刊物组稿，认识了余楠。余楠留过洋，学贯中西，在一个杂牌大学教课，虽然不是名教授，也还能哄骗学生。他常在报刊尾巴上发表些散文、小品之类，也写写新诗。胡小姐曾请他为"老板"写过两次讲稿。"老板"说余楠稍有才气，旧学底子不深，笔下还通顺。他的特长是快，要什么文章，他摇笔即来。"老板"津贴的刊物后来就由他主编了。他不错失时机，以主编的身份结交了三朋四友，吹吹捧捧，抬高自己的身价。他捧得住饭碗儿，也识得风色，能钻能挤，这几年来有了点儿名气，手里看来也有点积蓄；相貌说不上漂亮，还平平正正，人也不脏不臭；个儿不高，正开始发福，还算得"中等身材"。说老实话，这种男人，胡小姐并不中意。不过难为他一片痴心，又那么老实。他有一次"发乎情"而未能"止乎礼"，吃了胡小姐一下清脆的耳光。他下跪求饶，说从此只把她当神仙膜拜。好在神仙可有凡心，倒不比贞烈的女人。胡小姐很宽容地任他亲昵，只到他情不自禁，才推开说："不行，除非咱们正式结婚。"

《洗澡之后》

《洗澡》是一部反映新中国成立后，知识分子思想改造运动的长篇小说。作品人物众多，故事曲折，其中尤以姚宓和许彦成之间的纯洁感情为人所称道。但也有读者对这两人的关系妄加揣测，对他们之间的纯真情谊有所怀疑。作者为了防止"姚宓与许彦成之间那份纯洁的友情"被人误会，在已近百岁高龄的时候，开始动笔创作了这部续集。与《洗澡》相比，《洗澡之后》人物依旧，但故事有所不同，《洗澡》中有纯洁感情的男女主角，在《洗澡之后》终于有了一个称心如意的结局。许彦成的妻子杜丽琳因在鸣放中积极表态，被打成"右派"，下放劳动过程中与同为"右派"的叶丹产生了感情。回京后她主动提出与许彦成分手，使两个人的精神都得到了解脱，各自找到了称心的感情归宿。杨绛先生在前言中说，"假如我去世以后有人擅写续集，我就无法阻挡了。现在趁我还健在，把故事结束了吧"。这部续作，是她对自己喜爱的角色一个"敲钉转角"的命运交代和分配。

试读部分：我很嫌恶，我特意要写姚宓和许彦成之间那份纯洁的友情，却被人这般糟蹋。假如我去世以后，有人擅写续集，我就麻烦了。现在趁我还健在，把故事结束了吧。这样呢，非但保全了这份纯洁的友情，也给读者看到一个称心如意的结局。每个角色都没有走型，却更深入细致。我当初曾声明：故事是无中生有，纯属虚构，但人物和情节却活生生地好像真有其事。姚宓和许彦成是读者喜爱的角色，就成为书中主角。既有主角，就改变了原作的性质。原作是写知识分子改造思想；那群知识分子，谁是主角呀？我这部《洗澡之后》是小小一部新作，人物依旧，事情却完全不同。我把故事结束了，谁也别想再写什么续集了。

散文集

《将饮茶》

这本散文集收录了杨绛围绕个人生活经历所写的一些散文，内容主要分三类，第一类为回忆性文章，回忆了在中国近代史上有影响力的两位亲人，父亲杨荫杭和杨荫榆；第二类为回忆钱锺书的作品以及创作背景的文章。第三类为描写自己在中老年时期种种遭遇的文章。作者以细腻传神而又幽默风趣的文笔记人叙事，记录了那些发生在自己身边的故事。试读部分：我登上一列露天的火车，但不是车，因为不在地上走；像筏，却又不在水上行；像飞机，却没有机舱，而且是一长列；看来像一条自动化的传送带，很长很长，两侧设有栏杆，载满乘客，在云海里驰行。我随着队伍上去的时候，随手领到一个对号入座的牌子，可是牌上的字码几经擦改，看不清楚了。我按着模糊的号码前后找去：一处是教师座，都满了，没我的位子；一处是作家座，也满了，没我的位子；一处是翻译者的座，标着英、法、德、日、西等国名，我找了几处，都没有我的位子。传送带上有好多穿灰色制服的管事员。一个管事员就来问我是不是"尾巴"上的，"尾巴"上没有定座。可是我手里却拿着个座牌呢。他要去查对簿子。另一个管事员说，算了，一会儿就到了。他们在传送带的横侧放下一只凳子，请我坐下。

《干校六记》

记述了1970～1972年间作者夫妇在河南干校的种种"琐细的旧闻和飘忽的感受"，作者用温婉淡然、近乎白描的手法为那个特殊的历史时代画了一幅意味深长的剪影。钱锺书在《干校六记·小引》中说："干校两年多的生活是在这个批判斗争的气氛中度过的……'记劳'，'记闲'，记这，记那，都不过是这个大背景的小点缀，大故事的小穿插。"

试读部分：人家说息县的地"天雨一包脓，天晴一片铜"。菜园虽然经拖拉机耕过一遍，只翻起满地大坷垃，比脑袋还大，比骨头还硬。要种菜，得整地；整地得把一块块坷垃砸碎、砸细，不但费力，还得耐心。我们整好了菜畦，挖好了灌水渠，却没有水。邻近也属学部干校的菜园里有一眼机井，据说有十米深呢。我们常去讨水喝。人力挖的三米多，水是浑的。我们喝生水就在吊桶里掺一小瓶痧药水，聊当消毒，水味很怪。十米深的井，水又甜又凉，大太阳下干活儿渴了舀一碗喝，真是如饮甘露。我们不但喝，借便还能洗洗脚手。可是如要用来浇灌我们的菜园却难之又难。不用水泵，井水流不过来。一次好不容易借到水泵，水经过我们挖的渠道流入菜地，一路消耗，没浇灌得几畦，天就黑了，水泵也拉走了。我们撒下了菠菜的种子，过了一个多月，一场大雨之后，地里才露出绿苗来。所以我们决计凿一眼灌园的井。选定了地点，就破土动工。那块地硬得真像风磨铜。我费尽吃奶气力，一锹下去，只筑出一道白痕，引得小伙子们大笑。他们也挖得吃力，说得用鹤嘴镬来凿。我的“拿手”是脚步快；动不了手，就飞跑回连，领了两把鹤嘴镬，扛在肩头，居然还能飞快跑回菜园。他们没停手，我也没停脚。我们的壮劳力轮流使鹤嘴镬凿松了硬地，旁人配合着使劲挖。大家狠干了一天，挖出一个深潭，可是不见水。我们的“小牛”是“大男子主义者”。他私下嘀咕说：挖井不用女人；有女人就不出水。菜园班里只两个女人，我是全连女人中最老的；阿香是最小的，年岁不到我的一半。她是华侨，听了这句闻所未闻的话又气又笑，哧哧地笑着来告诉我，一面又去和“小牛”理论，向他抗议。可是我们俩真有点担心，怕万一碰不上水脉，都怪在我们身上。幸亏没挖到二米，土就渐渐潮润，开始见水了。

《我们仨》

这本由杨绛所著的《我们仨》分为两部分。第一部分中，杨绛先生以其一贯的慧心、独特的笔法，用梦境的形式讲述了最后几年中一家三口相依为命的情感体验。第二部分，以平实感人的文字记录了自 1935 年伉俪二人赴英国留学，并在牛津喜得爱女，直至 1998 年钱先生逝世 63 年间这个家庭鲜为人知的坎坷历程。他们的足迹跨过半个地球，穿越风云多变的半个世纪：战火、疾病、政治风暴、生离死别……不论暴风骤雨，他们相濡以沫，美好的家庭已经成为杨先生一家人最安全的庇护所。《我们仨》适合文学爱好者阅读。

试读部分：已经是晚饭以后，他们父女两个玩得正酣。锺书怪可怜地大声求救："娘，娘，阿圆欺我！"阿圆理直气壮地喊："Mummy 娘！爸爸做坏事！当场拿获！"（我们每个人都有许多称呼，随口叫。）"做坏事"就是在她屋里捣乱。我走进阿圆卧房一看究竟。只见她床头枕上垒着高高一叠大辞典，上面放一只四脚朝天的小板凳，凳脚上端端正正站着一双沾满尘土的皮鞋——显然是阿圆回家后刚脱下的，一只鞋里塞一个笔筒，里面有阿圆的毛笔、画笔、铅笔、圆珠笔等，另一只鞋里塞一个扫床的笤帚把。沿着枕头是阿圆带回家的大书包。接下是横放着的一本一本大小各式的书，后面拖着我给阿圆的长把"鞋拔"，大概算是尾巴。阿圆站在床和书桌间的夹道里，把爸爸拦在书桌和钢琴之间。阿圆得意地说："当场拿获！！"锺书把自己缩得不能再小，紧闭着眼睛说："我不在这里！"他笑得都站不直了。我隔着他的肚皮，也能看到他肚子里翻滚的笑浪。阿圆说："有这种 alibi 吗？"（注：alibi，不在犯罪现场的证据。）我忍不住也笑了。三个人都在笑。

《走到人生边上》

这是杨绛先生在 96 岁高龄时创作的一部充满哲思与意趣的散文集。杨先生通过对命运、人生、生与死、灵与肉等根本问题的思考，指出人生的价值在于遵循"灵性良心"的要求修炼自己，完善自身。她以深刻独到的体验，秉笔直书的勇气和生动饱满的笔触，为那些在现实生活中因信仰缺失而茫然无助的人们指点迷津。正文后巧置多篇大手笔的精彩随笔，对自己的看法加以佐证，语言本色无华，感人至深。

试读部分：神明的大自然，对每个人都平等。不论贫富尊卑、上智下愚，都有灵魂，都有个性，都有人性。但是每个人的出身和遭遇、天赋的资质才能，却远不平等。有富贵的，有贫贱的，有天才，有低能，有美人，有丑八怪。凭什么呢？人各有"命"。"命"是全不讲理的。孔子曾慨叹："命矣夫！斯人也而有斯疾也！斯人也而有斯疾也！"（《雍也第六》）是命，就犟不过，所以只好认命。"不知命，无以为君子"（《尧曰二十》）。曾国藩顶讲实际，据说他不信天，信命。许多人辛勤一世，总是不得意，老来叹口气说："服服命吧。"

我爸爸不信命，我家从不算命。我上大学二年级的暑假，特地到上海报考转学清华，准考证已领到，正准备转学考试，不料我大弟由肺结核忽转为急性脑膜炎，高烧七八天后，半夜去世了。全家都起来了没再睡。正逢酷暑，天亮就入殓。我那天够紧张的。我妈妈因我大姐姐是教徒，入殓奉行的一套迷信规矩，都托付了我。有部分在大弟病中就办了。我负责一一照办，直到盖上棺材。丧事自有家人管，不到一天全办完了。

译作

《小癞子》

作品介绍：《小癞子》作者不详，是流浪汉系列小说的开山之作，《小癞子》出版后，在西班牙和一些欧洲国家产生了强烈的反响，在法国连续出版了18版的法译本，在德国有10种德译本，英国有6种英译本，还有荷兰、意大利和拉丁文的译本。小癞子伺候一个又一个主人，亲身领略人世间种种艰苦，在不容他生存的社会里到处流浪，挣扎着生存下去，让人体会出在穷乏低微的生活历程中，小癞子为求苟延残喘所散发出不为势屈的生命情调。杨绛翻译的《小癞子》，文字质朴简洁，语言诙谐幽默，故事精彩生动，真实地反映了当时西班牙的社会状况。

《吉尔·布拉斯》

作品介绍：《吉尔·布拉斯》是法国作家阿兰·勒内·勒萨日的长篇小说。全名为《吉尔·布拉斯·德·桑蒂亚纳传》，是勒萨日的代表作，也是法国著名的流浪汉小说。小说叙述了主人公吉尔·布拉斯一生坎坷的经历。吉尔·布拉斯出身低微，只学了一点基本文化，但他聪明机灵，勤奋肯干，善于随机应变。为了冲破封建社会的种种障碍，他学会了混世的本领，终于爬上首相秘书的位子，最后被封爵成为乡绅。吉尔·布拉斯是封建等级社会中的小人物，其内心深处是善良的，他做好事，但得不到期望中的结果，说实话，得到的却是打击报复，然而当他依附权贵干出种种无耻勾当时，社会地位却逐步提高。通过吉尔·布拉斯的形象的塑造，让人们看到，在充满等级偏见的封建社会中，一个出身低微的人，即使再有本领、再有能力也很难受到重视，无论如何努力，只能在社会最低层挣扎，从而批判了当时黑暗的社会现实。

《堂吉诃德》

作品介绍：《堂吉诃德》原著作者是塞万提斯。《堂吉诃德》是国际声望最高、影响最大的西班牙文学巨著。主人公是一个瘦弱的、面带愁容的小贵族，由于阅读骑士小说入迷，企图仿效古老的游侠骑士生活。他拼凑了一副盔甲，骑上一匹瘦马，第一次出游，受伤而归。第二次找了邻居桑丘·潘沙作为侍从，一同出游，干了许多荒唐可笑的蠢事：把风车当作巨人，把旅店当作城堡，把羊群当作敌人……最后差点丧命，被人救护回。评论家认为，堂吉诃德的性格人物的性格具有两重性，一方面他是神志不清的，疯狂而可笑的，但又正是他代表着高度的道德原则、无畏的精神、英雄的行为、对正义的坚信以及对爱情的忠贞，等等。他越疯疯癫癫，造成的灾难也越大，几乎谁碰上他都会遭到一场灾难，但他的优秀品德也越鲜明。塞万提斯用讽刺的口吻和夸张的手法塑造了这样一个文学史上不朽的人物，看似荒诞不经，实则隐含作者对当时西班牙现实社会深刻的批判。

《斐多》

作品介绍：作者柏拉图。《斐多》是柏拉图的对话录，描绘的是哲人苏格拉底就义的当日，与其门徒就生死、灵魂、智慧、快乐、正义和不朽等问题的讨论，以及饮鸩致死的过程。苏格拉底本可以逃往其他城邦或者保持缄默，但他不肯背叛他的信念，就义前从容不惧，他与他的门生侃侃而谈的情景，令人崇敬。在西方文化中，论影响的深远，几乎没有另一本著作可以与《斐多》相比。杨绛先生的译文，对照多种版本和注释，力求通达流畅。